온맘 On Mam
부모교육 코칭시리즈

부모교육
코칭전략과 실제

온맘 On Mam 부모코칭프로그램

온맘 On Mam
부모교육 코칭시리즈

부모교육 코칭전략과 실제

온맘 On Mam 부모코칭프로그램

천성문 · 김미옥 · 최정아 · 천보경 · 심운경 · 송정은 · 강은아 · 탁희욱 · 김수진 지음

CENGAGE

Andover · Melbourne · Mexico City · Stamford, CT · Toronto · Hong Kong · New Delhi · Seoul · Singapore · Tokyo

온맘 On Mam
부모교육 코칭시리즈

부모교육 코칭전략과 실제

온맘(OnMam) 부모코칭프로그램

제1판 2쇄 인쇄 | 2018년 7월 31일
제1판 2쇄 발행 | 2018년 8월 7일

지은이 | 천성문, 김미옥, 최정아, 천보경, 심운경, 송정은, 강은아, 탁희욱, 김수진
발행인 | 송성헌
발행처 | 센게이지러닝코리아㈜
등록번호 | 제313-2007-000074호(2007.3.19.)
주 소 | 서울시 마포구 상암산로 76 YTN 뉴스퀘어 14층
전 화 | 02) 330-7000
이메일 | asia.infokorea@cengage.com
홈페이지 | www.cengage.co.kr

ISBN-13: 978-89-6218-379-5

공급처 | ㈜ 피와이메이트
주 소 | 서울특별시 금천구 가산디지털2로 53
도서안내 및 주문 | TEL 02) 733-6771-2 FAX 02) 736-4818
E-mail | pys@pybook.co.kr

값 16,000원

머리말

모든 부모는 누구나 좋은 부모가 되고 싶어 한다. 그러나 생각한대로 좋은 부모가 되기는 어렵다. 태어날 아이를 기다리는 부모도, 갓 태어난 신생아를 바라보는 부모도, 첫 아이의 입학식에 참석한 부모도, 10대 반항기의 자녀와 함께 힘든 시기를 겪고 있는 부모도 모두 좋은 부모가 되기 위해서 고민한다.

부모들은 자녀양육을 위한 좋은 양육서를 읽고, 서로 고민을 나누기도 하고, 또 다양한 교육을 접하는 등 자녀를 잘 키우기 위한 여러 가지 노력을 한다. 그러나 이러한 노력은 부모-자녀 관계에서 일시적인 변화를 가져오기는 하지만 지속적이고 근본적인 변화에는 한계가 있다. 또한 아무리 좋은 교육이라 해도 부모가 받은 교육이나 기술이 자신과 자녀에게 적절하지 않을 수도 있고, 부모는 아무런 변화가 없으면서 자녀에게만 일방적인 변화를 기대하면서 자녀와의 갈등이 더 깊어질 수도 있다.

부모가 성숙한 양육태도를 지속적으로 유지할 수 있는 확고한 의지와 확신을 가지기 위해서는, 부모 자신과 부모-자녀 간의 이해를 통한 변화가 중요하다. "나는 어떤 부모인가?", "부모가 자녀에게 원하는 것이 무엇인가?", "부모는 왜 자녀에게 기대를 하는가?", "자녀가 부모에게 원하는 것은 무엇인가?", "서로의 기대가 어떻게 다른가?", "자녀에게 좋은 영향을 미치기 위해서는 어떻게 해야 하는가?" 등을 부모-자녀 간에 서로 표현하고 협의하는 과정이 필요하다. 이를 위해 부모가 자신에 대한 이해와 성찰을 바탕으로 자녀양육에 대한 목표를 명료화하고, 부모의 기대와 자녀의 욕구 사이에서 적절한 합의점을 찾는 효과적인 양육 및 소통방식을 습득하고 실행하는 과정을 코칭받고, 이러한 경험을 통해 부모가 자녀를 코칭하는 부모코칭프로그램을 제안하고자 한다.

집필진들은 그동안의 자녀양육과 교육현장에서의 부모 교육경험과 그리고 부모상담에서 축적된 다양한 사례를 기초로 온맘(OnMam) 부모코칭프로그램을 만들었다. 이 책은 부모 스스로 성숙한 부모가 될 수 있도록 S-MIND 코칭모델을 바탕으로 구성하였다. S-MIND 코칭모델은 코치(교수-부모)와 피코치(부모-자녀) 간의 신뢰로운 관계를 바탕으로, 피코치가 스스로 자신의 목표를 설정하고 이를 실행할 수 있도록 하여 피코치의 현실을 점검하며, 스스로 행동변화를 위한 대안을 탐색하고 실천해보는 경험을 할 수 있도록 지원하며 돕는 과정이다.

이 책은 부모 자신에 대한 이해, 자녀에 대한 이해로 나누어져 있다. 부모-자녀 이해와 상호작용에서 건강한 어른으로서의 역할을 잘 수행하기 위해서는 스스로에 대한 통찰을 통해 변화를 바탕으로 자녀와의 소통에 적절하게 대처할 수 있는 기술과 양육방식을 익히고 실천하게 될 것이다. 본 프로그램의 목표는 첫째, 부모가 되기 위한 자신의 동기와 자녀의 성장에 맞는 부모의 역할에 대해 이해하고 자신이 되고자 하는 부모역할의 목표를 설정한다. 둘째, 부모-자녀 간 갈등의 원인이 가치관의 차이에 있음을 인정하고, 부모로서 자녀에게 반드시 전달해야 할 중요한 가치관인 용기, 자존감, 상호존중, 협동심, 책임감이라는 품성을 길러준다. 셋째, 자신의 부모로부터 받은 메시지의 무의식적 전달이 아닌 부모 자신과 자녀의 기대와 욕구에 맞는 건강한 메시지가 부모가 자녀에게 전하는 소중한 유산임을 안다. 넷째, 부모로서 자신의 자녀를 바라보는 시각에 영향을 주는 요인들을 탐색하고, 나와 자녀의 고정된 관계 패턴을 파악하고 건강한 관계형성을 위한 부모 자신의 강점을 강화하여 새로운 관계를 형성한다. 다섯째, 심통심통 대화법을 통해 자녀의 마음의 들어주고, 부모와 자녀의 마음을 표현할 수 있는 기회를 가짐으로써 마음의 고통을 덜어준다. 여섯째, 심통(心痛) 갈등에서 심통(心通)으로 가는 핵심열쇠인 부모와 자녀의 욕구와 기대를 파악하고 부모-자녀 간의 갈등상황을 해결해보는 경험을 갖는다. 일곱째, 코치로서의 자신의 역할에 대한 점검과 가족 안에서의 협동이 자녀성장에 미치는 영향에 대해 이해한다.

이 책을 잘 활용하기 위해서는 다음의 몇 가지 사항을 주목해야 한다.

첫째, 부모가 자녀만의 변화를 기대하기보다, 부모 스스로가 먼저 자신을 이해하고 변화하는 노력이 선행되어야 한다.

둘째, 부모 자신의 변화에 그치지 말고, 실천 과제를 통해 부모-자녀 관계에서의 변화를 직접 경험해 보길 바란다.

셋째, 부모-자녀 관계의 성장과 더불어, 자녀가 평생 살아가면서 가져야 할 기본적인 품성(용기, 자존감, 상호존중, 협동심, 책임감)에 초점을 두고 책을 활용하기 바란다.

이 책은 자녀를 양육하는 부모뿐만 아니라, 유치원이나 학교 등 교육 현장에서 아이들과 함께 하는 교사나 부모 교육 전문가에게 좋은 지침서가 될 것이다.

좋은 부모가 되기 위한 지침서를 만들고자 하였던 집필진들의 노력이 이제야 결실을 맺게 되었다. 이 기쁨을 수차례 회의와 수정 작업을 함께 한 집필진과 책의 출판을 응원해주신 이동귀 교수, 이영순 교수, 박제일 교수, 김연옥 원장, 류위자 교장, 전은주 센터장님과 함께 나누고자 한다. 책의 출판을 기꺼이 허락해 주신 센게이지러닝 코리아와 완성도 높은 책을 만드는 데 애쓰신 분들에게 깊은 감사의 마음을 전하며, 마지막으로 책의 마무리를 애써준 경성대학교 설정희, 김찬미, 김민지 선생에게도 고마움을 전한다.

자녀를 잘 양육하고자 하는 부모, 부모를 돕고자 하는 교육자와 궁극적으로는 우리의 미래를 책임질 소중한 자녀들에게 이 책을 바친다.

2015년 겨울

저자일동

추천글

'어떻게 하면 좋은 부모가 될 수 있을까?' 수많은 부모들이 고민하고 또 좌절한다. 부모 자신은 자녀를 진정으로 사랑하는데 왜 정작 자녀는 힘들어하는가? 이 수수께끼는 좋은 부모가 되기 위해서는 좋은 의도나 양육기술을 넘어선 보다 본질적인 변화가 필요함을 시사한다. 이런 점에서 천성문, 김미옥 교수님과 여러 전문가들이 저술한 『부모교육: 코칭전략과 실제』는 그 변화의 열쇠를 구체적으로 제시해 주는 귀한 지침서이다. 진정 성숙한 부모 되기를 소망하는가? 그렇다면 이 책과 '온맘(On-Mam) 부모코칭프로그램'을 통해 먼저 여러분 스스로 자신에 대한 깊은 이해를 도모하고 그 바탕 위에서 자녀의 잠재력을 촉진하는 긍정적 소통을 실천할 일이다.

연세대 심리학과 교수, 이동귀

부모와 자녀의 인연으로 만난 관계는 늘 파란만장한 나날을 겪어야 한다. 부족함을 못내 가슴에 쌓기도 하고 만회하기 위해 발버둥치기도 하는데, 이 책은 부모 자녀 간 관계의 기초가 되는 기본적이고 핵심적인 내용을 꼼꼼하게 잘 연결시켜 귀기울여 듣게 만든다. 현실적으로 부모 자녀 간의 상호작용의 문제점과 수많은 변화와 어려움을 현명하게 대처해 나갈 수 있는 지혜와 용기를 얻을 수 있어, 다시 부모된 자리를 되돌아보게 하고 자녀를 새롭게 만나게 하는 딱 필요한 안내서이다.

전북대 심리학과 교수, 이영순

출산을 앞둔 예비 부모부터 아이를 양육하고 있는 부모들까지 이 세상의 모든 부모는 좋은 부모가 되고자 노력한다. 지금까지 '부모됨'은 내 부모의 양육방식을 답습하여 내 아이를 키우는 것으로 생각했다. 왜냐하면 부모가 되는 방법을 배울 공간도, 기회도 없었기 때문이다. 좋은 부모가 되는 길은 좋은 부모가 되겠다는 의지가 가장 중요하지만, 자녀 양육 전문가들의 의견을 참고하고 받아들이는 것도 필요하다. 이 책은 좋은 부모가 되고 싶은 모든 사람들에게 '부모됨'에 대해 생각하고 연습할 기회를 제공한다. 이 책을 통해 배운 내용이 아이를 양육하는 데 도움이 될 것이라 생각되며, 좋은 부모에게서 양육받은 우리 아이들이 행복해지길 기대한다.

용인대 교육대학원 교수, 박제일

지난 20여 년간 부모교육을 해 오면서 깨닫게 된 점은 부모 자신의 성장과 변화 없이, 기법만으로는 자녀교육이 이루어질 수 없다는 것이다. 그런데 이 책에서 소개하는 '온맘(OnMam) 부모코칭프로그램'은 기존 프로그램과는 달리 부모 자신에 대한 이해와 변화를 토대로 자녀양육에서 활용할 수 있는 여러 기법들을 익히고 실천하도록 하고 있다는 점에서 자녀양육에 매우 적절한 접근방법으로, 자녀를 둔 모든 부모들이 꼭 한번은 보아야 할 필독서이다.

부산 전포유치원장, 김연옥

학교 현장에서 교사와 학생 간의 서로를 향한 대응방식과 해결방식이 달라 학생은 학생대로 교사는 교사대로 지쳐가고 있다. 이에 자세를 낮춰 가만히 들여다보면 아이의 대응방식 속에는 부모님으로부터 끊임없이 지속적으로 받은 피드백이 그대로 투영되어 있음을 알게 된다. 그래서 부모-자녀 관계에서의 서로의 결대로 인정하고 받아주는 지혜가 무엇보다 필요한 시점에 놓이게 되었는데 이러한 요구에 힘입어 『부모교육: 코칭전략과 실제』 책이 나오게 되었다. 이 책은 먼저 부모 통찰을 바탕으로 하고 자녀이해를 과학적 토대 위에 경험적으로 얘기하고 있으며, 부모-자녀 관계에서 서로에게 응원이 될 수 있도록 하고 있다. 9명의 저자들이 산고를 치루면서

낳은 이 책이 '좋은 부모가 되길 원하는 모든 부모님'의 소원을 이루도록 도와줄 것으로 확신한다.

울산 언양중학교장, 류위자

이 책은 자녀들을 위한 부모의 책이지만 부모 자신과 자녀들 자신들의 책이다. 상담 현장에서 아이들, 부모들조차도 스스로 어른이 되는 법을 잘 알지 못한다. 아이들은 부모 때문에 힘들고, 부모들은 아이들과 그들의 부모들 때문에 힘들었다는 것을 알게 된다. 제대로 된 부모가 된다는 것은 어떠한 일과 직업보다 우수한 역량을 요구받는다. 이 책에 소개된 대로 부모되기도 연습과 노력이 필요하며 이것을 배운다면 사랑을 베푸는 진정한 어른이 되는 법을 알려줄 것이다.

울주군 청소년상담복지센터장, 전은주

저자 약력

천성문 경성대학교 교육학과 교수
사) 한국상담학회 차기학회장
서울대학교 초빙객원교수
Stanford University 연구 및 방문 교수
고려대학교 교육문제연구소 객원연구원
저서) 상담심리학의 이론과 실제, 학교집단상담의 실제 외

김미옥 경성대학교 교육학과 교수
마음나무심리상담센터 센터장
한국부모코칭학회 부학회장
부모교육코칭전문가
상담심리사 1급(한국상담심리학회), 전문상담사 1급(한국상담학회) 외
저서) 학교상담 교육실습 매뉴얼, 여대생의 생애설계와 진로설계 외

최정아 경성대학교 정신건강상담연구소 전임연구원
SM심리건강연구소 대표
사) 한국교육상담협회 총무이사
한국교육치료학회 학회지편집위원회 간사
저서) 상담연구자를 위한 연구방법의 실제 외

천보경 경성대학교 교육학과 상담심리전공 박사수료
SM심리건강연구소 대표
경성대학교 외래교수 및 학생상담센터 상담원
기업상담전문가(다인, 마음의 숲, EAP), 교육치료전문가
한국재활심리학회 학회지편집위원회 간사

심운경 경성대학교 교육학과 상담심리전공 박사수료
경성대학교 외래교수 및 학생상담센터 상담원
SM심리건강연구소 객원상담원
한국임상예술치료학회 총무이사
부모교육코칭전문가 1급, 교육치료사 1급 외

송정은 경성대학교 교육학과 상담심리전공 박사수료
경성대학교 외래교수 및 학생상담센터 상담원
계명전문대학교 학생상담센터 상담원
한국교육치료학회 총무이사
부모교육코칭전문가 1급, 교육상담전문가 1급 외

강은아 경성대학교 교육학과 상담심리전공 박사수료
동명대학교 학생상담센터 상담원
SM심리건강연구소 객원연구원
경성대학교 학생상담센터 수련상담원(레지던트) 이수
전문상담교사 1급, 임상예술심리상담사 1급 외

탁희욱 경성대학교 교육학과 상담심리전공 박사수료
경성대학교 학생상담센터 상담원
SM심리건강연구소 객원연구원
부산경상대학교 교수학습지원센터 연구원 역임
발달진단평가 전문가, 청소년상담사 2급 외

김수진 경성대학교 교육학과 상담심리전공 박사수료
다정한아동가족심리상담센터 부소장
울산교육청 특수교육치료센터 연구원 역임
동국대학교 병원 힐링치료센터 상담원 역임
부모교육코칭전문가 1급, 임상예술심리상담사 1급 외

차례

온맘 On Mam
부모교육 코칭시리즈

CHAPTER 1

부모, 자녀를 코칭하다

어리석은 사람은
인연을 만나도 몰라보고

보통 사람은
인연인 줄 알면서도 놓치고

현명한 사람은
스쳐도 인연을 살려낸다.

피천득「인연」

사람은 인생을 살아가는 동안 몇 번의 터닝 포인트를 가진다. 그것은 바로 진학, 결혼, 출산이라 할 수 있다. 그중에서 특히 출산 이후의 인생은 급속하게 변화하는데 부모라는 생애 처음해 보는 역할로 인해 몸도 마음도 패잔병이 되는 느낌을 받을 수 있다. 부모는 원하든 원하지 않든 자녀를 갖게 되면 자연히 부모가 됨으로써 자기의 인생이 아님에도 불구하고 자녀를 전체적으로 책임지고 돌보고 성장시켜야 하는 일에 나설 수밖에 없다. 또한 자신을 돌아볼 여력조차 없이 나름대로 최선을 다해서 부모역할을 수행하고 애를 써도 자녀들은 부모의 노력을 받아들여주거나 그 노고를 알아주지 않아 서운함을 느낄 때도 많다. 그래서 어떻게 하는 것이 좋은 부모인지에 대해 갈수록 알 수가 없게 되었다.

이처럼 부모가 어떻게 해야 자녀와의 인연을 현명하게 이어나갈 수 있을까?

부모

"나는 어떤 부모이고 싶은가?"

"나는 과연 몇 점짜리 부모일까?"

"내가 원하는 자녀의 모습은 무엇인가?"

"나의 자녀는 내가 어떤 부모이기를 원하는가?"

부모는 자녀가 이 사회의 일원으로서 자신의 몫을 충분히 감당해내는 사람으로 성장하기를 원하는 마음 때문에 자녀가 충분히 해내고 있는 능력보다는 자녀의 부족한 면이 먼저 보인다. 그렇기에 이러한 안타까운 마음은 비난이나 잔소리로 표현됨으로써 자녀에게는 그런 부모의 모습이 불편하고 부모와의 관계를 멀어지게 한다. 즉, 대부분의 부모들은 자녀의 장점과 가능성보다는 보이는 문제점에 초점을 맞추고 이를 수정하기 위해 다양한 방법을 동원하게 된다.

그러나 자녀는 성장하는 과정 속에 있기에 현재의 모습만으로 부족함을 단정 지어서는 안 된다. 그 누구도 아직까지 알아봐주지 않는 가능성에 초점을 맞추고 인정해준다면 자녀들은 자신의 가치를 스스로 인정하고 미래를 향한 나래를 마음껏 펼칠 수 있을 것이다. 만약 부모가 이런 자녀의 잠재력과 가능성을 격려하고 지지하지 않고 내버려둔다면 자녀의 가능성은 발전하기가 점점 더 어렵게 된다. 그렇다면 부모가 자녀의 가능성을 믿어주는 것만으로도 자녀가 성장하고 발전할 수 있음에도 우리는 왜 그러지 못할까?

"자녀가 제 말을 안 들으니까 어쩔 수가 없어요."
"정말 칭찬할 것이 없어요."
"잘하는 것만 칭찬했다가 자녀가 잘못한 건 놓쳐 버릴까봐 걱정이에요."
"믿을 행동을 해야 믿죠."
"그 정도 하는 건 당연한 거죠, 다른 자녀들도 그 정도는 다 해요."

이렇게 이야기하는 대부분의 부모들은 현재 자녀가 가지고 있는 가능성보다는 문제에 초점을 맞추고 있을 뿐 아니라 문제의 원인을 자녀에게 있다고 생각하는 경향이 있다. 자녀의 현재 행동은 자녀가 가지고 있는 타고난 기질적인 문제와 부모의 양육태도로 인한 결과이다.

그러므로 부모는 자녀를 양육함에 있어 자녀의 자원뿐만 아니라 자신의 양육태도에 대해 점검해볼 필요가 있다. 또한 자녀와 자신에게 영향을 미치는 자신의 부모와의 경험을 간과해서는 안 된다. '내가 자녀에게 원하는 것은 무엇인지', '나는 왜 자녀에게 이런 기대를 하는지', '자녀가 원하는 것이 무엇인지', '서로의 기대가 어떻게 다른지', '자녀에게 좋은 영향력을 미치기 위해서는 어떻게 해야 하는지' 등을 부모-자녀 간 서로 표현하고 협의하는 기회를 갖기도 전에, 우리는 이미 이전의 부모와의 경험으로 습득된 부모의 역할과 자녀를 대하는 태도가 자동적으로 드러나게 된다. 대부분의 부모들은 자신의 어린 시절 부모와의 경험에서 느낀 어려움을 부모가 되면서 잊어버렸거나, 자신의 부모와 다른 양육태도를 가지고 싶지만 적절한 모델링을 찾지 못하고 헤매는 경우가 많다. 이러한 자녀양육의 어려움을 겪는 부모들을 돕는 방법으로 최근 코칭이 주목받고 있다.

기존의 부모교육을 접해본 많은 부모들은 부모교육이 자녀를 양육하는 데 도움이 되는 것은 분명하다고 말한다. 이는 부모에게 자녀를 양육하는 데 필요한 기술을 알려주고 실천하도록 도와주기 때문이다. 그러나 부모 자신의 변화 없이 습득된 양육기술을 자녀에게 적용하는 과정에서 부모의 일시적인 양육태도 변화가 자녀에게 거부감을 가지게 하거나, 자녀가 변화를 환영한다 하더라도 부모가 그 양육태도를 지속적으로 유지할 수 있는 확고한 의지와 확신이 부족한 경우가 많아 이를 지속적으로 실천하기가 어렵다고들 한다. 그러므로 사회생활에서뿐만 아니라 자녀양육에 매우 적절한 접근인 코칭을 제안하는 이유가 여기에 있다.

코칭의 접근 방식은 코치와 피코치의 경험을 통해 피코치가 다시 코치의 역할을 할 수 있도록 한다. 즉, 부모가 자기이해를 바탕으로 자신이 변화하고 실천하는 성공경험 이후에 자녀양육에서 일방적인 교육이 아니라 자녀를 코치하도록 돕는다. 흔히 운동경기에서도 볼 수 있듯이 코치는 감독과는 너무나 다른 역할을 수행한다. 우리의 자녀들은 함께 할 수 있는 코치를 원하는 경우가 더 많으나 많은 부모들이 자녀를 양육하는 과정에서 스스로를 감독으로 착각하는 경우가 많아 훨씬 더 권위적이고 강요하고 명령, 통제하려는 경우가 많다.

이러한 코칭에 대해 많은 학자들의 주장들 중 에노모토 히데다케(榎本英剛, えのもとひでたけ)라는 일본 철학자의 코칭철학은 다음과 같다.

> 누구나 무한한 가능성이 있다.
> 문제의 해답은 그 사람 내부에 있다.
> 가능성과 해답을 찾기 위해서는 파트너가 필요하다.

그의 코칭철학은 부모-자녀 간의 관계에서 코칭을 적용함에 있어 매우 중요한 철학적 방향성을 제시하고 있다. 긍정심리학에 기반을 두고 있는 코칭은 누구에게나 무한한 가능성이 있음에 초점을 두고 있다. 부모가 자녀의 가능성을 믿고 격려하면 자녀의 잠재력은 발현된다는 것이다. 즉, 자녀 속에 있는 가능성을 깨워주기만 하면 자녀는 성장한다. 그러나 부모는 자녀를 양육하는 상황 안에서 크고 작은 문제와 만나고 이 문제 앞에서 타인의 의견과 시선에 민감하게 반응하게 된다.

사람은 누구나 원하는 것이 다르고 잘하는 것이 다르다. 즉, 부모도 모두 다르고 자녀 역시 모두 다르기 때문에 다른 사람의 경험에 따라가고 맞추려고 하는 것이 부모 자신과 우리 자녀에게는 맞지 않을 수 있다. 그러므로 자녀양육에 성공한 부모의 이야기를 마치 영웅담처럼 듣고 따르거나 타인의 눈치만 보고 따라갈 것이 아니라 내 삶의 주인공, 이 우주의 중심인 부모 자신의 내면소리와 자녀의 마음에 귀를 기울이는 것이 중요하다.

마지막으로, 인생은 혼자 살아갈 수 없고 함께 손잡고 함께 할 파트너가 필요하다. 힘든 상황에서 위로와 용기를 불어넣어 주고 기쁨과 슬픔을 함께 나눌 수 있는 좋은 파트너가 필요한 것이다. 부모 또한 자녀를 잘 양육하기 위해서는 서로의 존재를 인정하고 긍정의 에너지를 나누는 좋은 파트너를 만나야 한다. 이때 파트너란 배우자, 교육자 그리고 자녀가 될 수 있으며 서로가 이해하고 존중하는 경험을 통해 함께 성장하게 된다. 이것이 바로 부모교육의 코칭철학이다.

그리고 코칭의 주요한 방법 중 하나가 커뮤니케이션이다. 두 사람의 주고받는 대화는 공식적인 시스템에 맞게 하나의 틀에 고정된 것이 아니라 매 순간 살아있는 유기체와 같다. 우리 자녀들 역시 매 순간 성장하고 변화하고 있다. 따라서 부모의 생각과 경험만으로 미래를 살아갈 자녀들에게 강요하는 것은 유기체적 상호작용으로 보기 어렵다. 부모 역시 자신의 살아온 삶에 대한 자부심과 그리움, 자신의 부모로부터 받은 양육에 대한 신뢰와 불신을 유지하려는 경향이 있다.

부모는 부모 자신에 대한 이해가 우선되어지면 자녀에 대한 바람과 교육적인 측면에 대한 전달을 양육기술로써 자녀에게 대처하는 것이 아니라 자신의 변화를 기반으로 한 자연스러운 코치로서의 역할을 수행할 수 있게 된다. 부모교육에서 코칭이란 부모 자신에 대한 현실적 이해를 바탕으로 자신의 강점과 자신의 상황 안에 자녀양육에 대한 목표를 설정하고, 자녀에게 적합한 양육기술과 대처방식에 대한 대안을 탐색하여 자녀와의 관계에서 실행할 수 있도록 코치하는 과정이다.

S-MIND 코칭모델

코칭학자들은 부모가 자녀를 양육하는 과정을 돕는 효과적인 방법은 일방적인 부모교육보다는 코칭이 더 적절하다고 주장한다. 이에 온맘(OnMam) 부모코칭프로그램은 S-MIND 코칭모델을 기반으로 한다. S-MIND 코칭모델은 코치와 피코치 간의 신뢰로운 관계를 바탕으로 피코치가 스스로 자신의 목표를 설정하고 이를 실행할 수 있도록 하여 피코치의 현실을 점검하며 스스로 행동변화를 위한 대안을 탐색하고 실천해보는 경험을 할 수 있도록 지원하며 돕는 과정이다.

1단계	2단계	3단계	4단계	5단계
S	**M**	**I**	**N**	**D**
Seeing You & Me	Map Finding	Investigation	New Planning	Dropping Obstacle
라포형성	목표설정	현실점검	대안탐색	실행계획

S-MIND 코칭모델

S-MIND 코칭모델에 대해 좀 더 자세히 살펴보면 다음과 같다.

S (Seeing You & Me)는 라포형성 단계이다.

라포형성이란 두 사람 이상의 관계에서 발생되는 공감적이며 상호반응적인 일치감을 나타내는 상태를 말한다. 라포가 형성되면, 호감 및 신뢰감이 생기고 마음속의 깊은 생각까지도 표현할 수 있다. 따라서 대화의 전제조건으로 라포형성이 중요하며, 라포가 쌓일수록 내면의 말들을 자연스럽게 할 수 있다. 이는 코칭을 경험하는 부모, 그리고 부모가 코치해야 하는 자녀 모두에게 적용되는 부분이다. 라포를 형성한다는 것은 상대의 말과 행동을 자연스럽게 따라함으로써 저절로 경계심이 느슨해질 수 있다. 사람은 비슷한 모습을 보이거나 행동을 하는 사람과 더 마음이 잘 맞게 되며 호감을 느끼기도 쉽다.

이는 상대의 표정, 동작, 움직임, 말의 속도, 목소리 크기 등을 따라하여 경계심을 풀고, 쉽게 친해지며, 신뢰감과 안정감을 형성하게 한다. 라포를 형성하는 다른 방법으로는 상대방이 한 말의 요점을 잘 파악하여 상대의 이야기 내용을 정리하거나, 상대의 행동과 심리상태의 변화를 잘 관찰하여 변화하는 감정을 살펴봐주는 것 역시 상대에게 안심을 주어 앞으로의 관계 형성에 긍정적인 영향을 미칠 수 있게 된다. 친밀감을 나누는 과정으로서 부모코칭 전체 프로그램이 지향하는 바가 된다. 자신과 자녀를 이해하고 코칭하는 가운데 진실로 친밀해지고 신뢰가 바탕이 된 부모자녀 관계로 변화되도록 노력하는 것이다. 매 회기 시작부분에서 함께 하게 될 활동과 자녀 아이스 브레이크를 통해 코치, 피코치가 점차 친밀해질 뿐 아니라 가정에서 자녀와도 이런 활동을 즐김으로써 부모-자녀 간 관계를 친밀하게 변화하게 한다.

> 오늘 컨디션은 어떠세요?
> 지난주 가족과 어떤 즐거운 일이 있었습니까?

M (Map Finding)은 목표설정 단계이다.

목표는 적절하면서도 구체적이며 도전적이어야 한다. 코치는 피코치로 하여금 목표에 대한 주인의식을 가지게 해야 하는데 목표는 현실적이고 객관적이어야 한다. 너무 비현실적인 목표를 설정하면 실패를 경험하고 관계를 엉망으로 만들 수도 있기 때문에 이 단계에서는 성장하고 싶은 부분에 대하여 성취목표를 정한다. 목표설정의 원리는 다음과 같다.

첫째, 설정한 목표를 성취할 수 있도록 명확하고 구체적으로 정해야 한다. 이를테면 자녀와의 소통에 대한 목표를 세울 때, '자주 이야기하기'나 '잘 이야기하기'라는 목표보다 '일주일에 세 번 자녀와 자녀의 학교생활에 대해 10분간 서로 이야기 나누기'라는 목표를 설정하는 것이 더 효과적이다. 애매한 목표를 세웠을 경우 실천하는 것에 대한 책임이나 구체적인 평가가 이루어지지 않기 때문에 이러한 목표 행동이 지속되기가 어렵다. 하지만 구체적인 목표설정 이후 수행은 크게 향상되고, 높은 실적이 유지될 수 있다.

둘째, 양과 질, 영향력 측정이 가능해야 한다. 개인이 행동을 할 때 어떤 결과를 얻을 수 있는가를 생각하고 그 기대에 따라 행동을 결정한다. 기대감은 개인이 일정한 수준의 노력을 기울인다면 특정한 목표를 달성할 수 있을 것이라는 주관적 감정 정도를 나타낸다. 부모가 코칭받는 과정에서 스스로 변화하거나 기대하는 바를 구체적인 양과 질, 영향력 등 측정 가능한 목표를 수립하고 평가한다면, 프로그램 참여와 실천에 대한 기대수준이 높아지고 만족감이 올라가 프로그램 참여와 그 이후에 긍정적인 행동의 지속수준도 높아질 것으로 예상된다.

> 당신이 이 프로그램 참여를 통해서 이루고자 하는 목표는 무엇입니까?
> 자녀와의 관계에서 무엇이 변화하기를 기대하십니까?

I (Investigation)는 현실점검 단계이다.

현실을 바탕으로 하는 목표를 설정하기 위해서는 현실을 점검해야 한다. 목표와 관련된 부모 자신의 상황이 어떤지 점검하는 것이다. 이를 위해 코치는 피코치의 현재 상황을 점검하기 위해서 부모의 양육태도가 현재 자녀와의 관계에 미치는 영향, 부모 자신의 과거 자녀로서의 경험이 현재에 미치는 영향, 과거 부모의 양육태도에 대한 자신의 생각, 부모 자신의 가치관, 교육관, 양육관 등에 대한 다각도에서의 현실 점검이 필요하다. 또한 자녀의 기질, 기대 욕구, 바람에 대한 점검이 필요하다. 부모-자녀 관계는 한쪽의 일방적인 기대와 바람만을 이해한다고 해서 건강한 관계가 이루어지지는 않는다. 따라서 상호작용하는 두 사람 모두의 현실을 점검해야 한다.

부모와 자녀의 갈등은 자녀의 일방적인 문제 행동뿐만 아니라 문제를 야기하게 하는 부모의 양육태도, 서로의 가치관의 차이, 욕구의 차이에서 발생할 수 있음을 부모와 자녀가 명확하게 인식하지 못하기 때문에 발생한다.

> 그 목표와 관련하여 현실은 어떻습니까?
> 현재 자녀와 나 사이에 어떤 일이 일어나고 있습니까?
> 현재 상황에서 느끼는 감정은 어떻습니까?
> 현재 자녀와의 관계를 가장 방해하는 요인이 있다면 무엇입니까?
> 현재 성숙한 부모로서 당신의 수준은 10점 만점에 몇 점입니까?
> 부모로서 스스로 만족하는 상황은 어떤 상황일까요?

N (New Planning)은 대안탐색 단계다.

대안이란 어떤 목표를 달성하기 위해 선택할 수 있는 행동 노선, 즉 선택 가능한 정책 수단을 말한다. 부모가 자녀양육 과정에서 목표가 정립되고 상황이 분석되면 다음에는 여러 개의 가능한 행동 노선, 즉 대안을 탐색하고 그것들을 상호 비교 · 평가해 최선의 대안을 선택하게 된다.

부모가 자녀와의 관계에서 문제를 해결하는 데는 오직 하나만의 방법이 있는 것이 아니라 여러 가지 방법이 있을 수 있다. 그중 가장 좋은 해결 방안이라고 생각되는 몇 가지의 방안을 대안이라 한다. 그러나 대안에는 현실적으로 실현 가능한 것도 있고 불가능한 것도 있으며, 또 효율적인 것도 있고 비효율적인 것도 있다.

본 프로그램에서는 각 장마다 새로운 접근방식, 즉 부모 자신의 강점 찾기, 품성 기르기, 부모에게 받은 메시지의 영향 탐색, 반전매력 찾기, 심통심통(心痛心通) 대화법, 심통(心通) 실천하기, 가족과 함께하는 행복 등 이제까지의 양육방식과 다른 새로운 대안들을 배운다. 또한 이제까지 해왔던 양육행동의 장점과 단점을 살펴보고 이를 보다 효과적으로 대처할 수 있는 방법에 초점을 맞추어 계획을 수립하되, 부모와 자녀의 기대와 욕구도 파악하여 계획을 세우도록 한다. 계획을 세부적으로 구체화하고 모델링화 하는 계획을 수립하고 목표일과 기간을 정확하게 한다. 문제점보다는 성과나 기대에 초점을 맞춘다.

> 자녀와의 갈등상황에서 당신이 할 수 있는 일은 무엇입니까?
> 이 문제를 해결하기 위해 당신에게 있는 자원은 무엇입니까?

D (Dropping Obstacle)는 실행계획 수립 단계이다.

이 단계는 현재 수립한 계획에서 필요한 자원을 찾고 어려운 점이나 장애물이 없는지 스스로 찾는 데 목표를 둔다. 이런 어려움이나 장애물을 극복하기 위해 어떻게 행동해야 하는지 인식하도록 돕고, 장애 요소의 제거를 구체적으로 생각하게 한다. 프로그램을 통해서나 새로운 대안들을 통해서 알게 된 양육방식, 관계방식과 소통방식을 과제를 통해서 실천해보도록 한다. 이러한 실천을 위해서는 '이렇게 하기 위해서는 어떤 도움이 필요할까요?', '당신이 생각하는 것을 하기 위해서는 어떤 것을 해야 할까요?', '하고자 하는 일을 할 때 어떤 어려움이 있을까요?' 등을 스스로에게 의문을 제기해보고 실천과정에서 겪을 수 있는 어려움에 대해 효과적으로 대처할 수 있는 방법까지 함께 모색한다. 나아가 과제 수행을 통한 실천경험을 함께 나눠봄으로써 배운 것을 실천하고 습관화하는 과정을 경험한다.

S-MIND 코칭모델을 통해 부모들이 느끼는 어려움과 힘듦을 함께 나누고 경험

을 통해 서로에게 신뢰감과 안정감을 가지고(S), 자녀와의 관계에서의 새로운 목표를 수립하여(M), 현재 부모 자신과 자녀의 기대와 욕구 바람을 이해하고 부모 자신에 대한 깊이 있는 성찰을 통해(I), 자녀와의 관계에 보다 성숙하고 부모답게 대처할 수 있는 새로운 대안을 탐색하여(N), 스스로 실행해보고, 과제 수행을 통해 새로운 경험을 해봄으로써(D) 자녀와의 관계를 보다 건강하고 원활하게 형성해 간다.

이 목표를 이루기 위해서 프로그램 중에 어떤 노력을 해보시겠습니까?
목표가 이루어졌다는 것을 어떻게 알 수 있을까요?

온맘(OnMam) 부모코칭프로그램

현대사회가 외모, 학벌, 경제력 등 가시적인 것에 초점을 두고 있어, 부모 또한 자녀가 사회에서 원하는 사람으로 성장해주기를 바라는 마음에 자녀의 가능성과 잠재되어있는 자원이나 인성보다는 겉으로 드러나는 실수와 단점을 수정해주는 것에 초점을 두고 있다. 이러한 과정에서 부모의 안타까운 마음은 제대로 전달되지 못하고 부정적인 말이나 잔소리로 전달되면서 자녀들은 이런 부모의 태도를 불편하게 느끼게 되고, 자신을 믿고 격려하기보다는 늘 질책하는 부모와의 관계는 점점 멀어지게 된다. 자녀는 부모와의 관계를 통해 세상을 살아가는 방법을 익히고, 사람들과 관계하는 방법을 배우게 된다. 그러므로 부모는 자녀양육에 대한 다각도의 자기성찰과 함께 스스로를 바로 세워 자녀의 성장을 돕는 것이 필요하다. 부모의 성장 없이 이루어진 자녀양육은 몸만 어른인 자녀를 사회에 내놓는 것과 같다. 즉, 성숙한 부모는 자녀를 성장시키고, 미성숙한 부모는 자녀의 성장을 방해한다.

그렇다면 성숙한 부모는 어떤 부모인가? 인격적으로 자녀를 대하는 부모, 자녀의 가능성을 개발시켜주는 부모, 자녀를 이해하고 존중하는 부모, 인지적인 능력을 길러주는 부모, 경제적으로 풍족한 환경을 제공해주는 부모, 자녀가 원하는 자유를 허용하는 부모 등 한마디로 정의할 수는 없지만, 성숙한 부모는 자신에 대한 건강한 이해를 바탕으로 부모 자신과 자녀를 존중하고 자녀가 스스로 책임감을 가지고 행동하고, 사회의 일원으로서 협동하고 성장할 수 있도록 이끌어주는 부모일 것이다. 성숙한 부모는 자녀에게 한없는 존경심과 경건한 마음을 자연스럽게 갖게 할 것이다. 부모에게 자녀는 부모됨을 비춰주는 거울이며, 부모됨을 재는 저울이다. 이는 바로 자녀가 부모를 성숙하게 만들고, 어른으로 만들어준다. 즉, 부모가 된다는 것은 진짜 어른이 되는 것이다.

부모가 된다는 것, 부모의 역할을 잘 감당한다는 것은 정말 위대하고 훌륭한 일이다. 부모가 된다는 것은 단지 자식을 낳아서 기르는 것만을 말하지는 않는다. 우리는 자녀를 기르는 행동만으로도 부단한 노력과 희생이 필요하고, 이것만으로도 부모 자신의 성장이 이루어진다. 이에 우리를 성숙한 부모가 될 수 있도록 도와주는 온맘(OnMam) 부모코칭프로그램을 소개하고자 한다.

온맘(OnMam)이란 '온 마음을 담아서 소통하는 부모', '부모 안에서 성장하는 자녀'라는 의미를 담고 있다. 부모와 함께하는 삶은 자녀에게 많은 의미를 준다. 자녀와 다양한 의미를 나누고, 자녀가 올바르게 성장하도록 돕는 것은 부모에게 있어서는 보람이며 기쁨이다. 부모가 자녀에게 어떻게 하느냐에 따라 자녀의 인생은 달라진다. 자녀가 어릴 때 부모는 자녀와 함께 상호작용하고 자녀가 성장 후에 스스로 독립적인 삶을 살아갈 수 있도록 끊임없이 격려하고 지지하고 용기를 주어야 한다. 부모-자녀 간의 바람직한 관계는 자녀의 사회적 관계에도 아주 중요한 영향을 미친다. 이러한 부모로서의 자질과 역할은 '누구를 통해서 어떻게 습득하였을까' 하는 의문을 가지게 된다.

두말할 필요도 없이 자신의 부모가 한 말과 행동, 즉 언어적 · 비언어적 메시지를 통해 은연 중에 배우고 습득하여 부모역할을 해야 될 때 자연스럽게 나타난다. 부모로서의 가치관을 확립하지 않은 상황에서 부모가 되면 부모에게 영향을 받은 자신의 가치관이 자녀에게 세대전수될 수밖에 없다. 나의 부모의 양육방식이 나에게 적절했고, 성숙한 부모로서의 역할을 했다고 해서 그 양육방식이 반드시 나의 부모역할에 적합하거나 내 자녀가 기대하는 나의 모습이 아닐 수 있다. 뿐만 아니라 내 부모의 자질과 역할이 자신에게 부적절하였다 하여 내 부모의 양육방식과 반대되는 역할을 수행하는 것이 성숙한 부모역할 수행이라고도 말할 수 없다.

따라서 온맘(OnMam) 부모코칭프로그램의 목적은 부모가 자신에 대한 이해와 성찰을 바탕으로 자녀양육에 대한 목표를 명료화하고, 부모의 기대와 자녀의 욕구 사이에서 적절한 합의점을 찾는 효과적인 양육방식, 소통방식을 습득하고 실행하는 과정을 코칭받고, 이러한 경험을 통해 부모가 자녀를 코칭하도록 돕는다.

본 프로그램은 S-MIND 코칭모델을 바탕으로 첫째, 부모가 되기 위한 자신의 동기와 자녀의 성장에 맞는 부모의 역할에 대해 이해하고 자신이 되고자 하는 부모역할의 목표를 설정한다. 둘째, 부모-자녀 간 갈등의 원인이 가치관의 차이에 있음을 인정하고, 부모로서 자녀에게 반드시 전달해야 할 중요한 가치관인 용기, 자존감, 상호존중, 협동심, 책임감이라는 품성을 길러준다. 셋째, 자신의 부모로부터 받은 메시지의 무의식적 전달이 아닌 부모 자신과 자녀의 기대와 욕구에 맞는 건강한 메시지가 부모가 자녀에게 전하는 소중한 유산임을 안다. 넷째, 부모로서 자신의 자녀를 바라보는 시각에 영향을 주는 요인들을 탐색하고, 나와 자녀의 고정된 관계 패턴을 파악하고 건강한 관계형성을 위한 부모 자신의 강점을 강화하여 새로운 관계를 형성한다. 다섯째, 심통심통 대화법을 통해 자녀의 마음을 들어주고, 부모와 자녀의 마음을 표현할 수 있는 기회를 가짐으로써 마음의 고통을 덜어준다. 여섯째, 심통(心痛) 갈등에서 심통(心通)으로 가는 핵심열쇠인 부모와 자녀의 욕구와 기대를 파악하고 부모-자녀 간의 갈등상황을 해결해보는 경험을 갖는다. 일곱째, 코치로서의 자신의 역할에 대한 점검과 가족 안에서의 협동이 자녀성장에 미치는 영향에 대해 이해한다.

본 프로그램은 크게 부모 자신에 대한 이해, 자녀에 대한 이해로 나누어져 있다. 부모-자녀 이해와 상호작용에서 건강한 어른으로서의 역할을 잘 수행하기 위해서는 스스로에 대한 통찰을 통해 변화를 바탕으로 자녀와의 소통에 적절하게 대처할 수 있는 기술과 양육방식을 익히고 실천하게 될 것이다. 더 나은 부모가 되기 위해 그동안 수많은 양육관련 서적과 다양한 부모교육을 통해 배운 내용들을 자녀양육에 활용해 본 많은 부모들에게 반복적으로 나타나는 아쉬움이 있다. 단순한 양육기술 습득은 일시적인 변화를 줄 수 있지만, 부모와 자녀의 삶 속에 융화되지 못해 이를 지속시키기는 어렵다. 또한 부모 자신의 욕구와 기대, 현재의 양육태도에 대한 점검 없이 표면에 발생하는 문제를 해결하는 방법으로 부모에게 교육하고, 이를 부모가 자녀에게 적용해보는 일방향적인 교육만으로는 부족할 수밖에 없다.

따라서 본 프로그램은 8주간의 프로그램 진행 중 4주는 부모 자신에 대한 이해와 변화 노력, 나머지 4주는 자녀와의 상호작용에 대처하는 방식을 제시한다. 이러한 과정을 통해 일방적인 지식의 전달이 아니라 코치와 피코치의 상호작용에 의한 변화를 바탕으로, 자녀양육과정에서 부모가 코치의 역할을 건강하게 수행하도록 하여 성숙한 부모역할을 수행하게 한다.

부모의 역할

부모역할은 사람이 태어나서 하게 되는 모든 역할들 중 가장 의미있고 가치있는 일이며, 부모가 그 역할을 제대로 수행한다면 자녀는 건강하게 성장할 것이다. 인성교육의 중요성과 더불어 부모의 역할에 대한 관심은 다른 어느 때보다 중요하게 부각되고 있으며, 학교, 상담기관, 종교기관에서 이러한 현실에 부응하여 다양한 부모교육프로그램이 실시되고 있다. 온맘 부모코칭프로그램에서 지향하는 부모역할은 다음과 같다.

부모역할은 자녀가 사회 안에서 자신의 역할을 잘 수행할 수 있도록 자녀를 진정으로 이해하고 존중하며, 가능성을 키워주는 자녀의 성숙한 파트너가 되는 것이다.

부모다운 부모, 성숙한 부모

자녀를 낳아서 키우는 과정은 인간의 경험 중 가장 중요하고 놀라운 것이다. 어느 누가 이처럼 타인에게 온 정성을 다해 보살피고 무조건적인 사랑을 베풀 수 있을까? 현대사회는 급격한 경제성장으로 인해 가족의 형태와 가족끼리의 유대도 짧은 시간 안에 큰 변화가 일어나고 있다. 과거에는 자녀를 하나 잘 키우려면 최소 20명의 건강한 어른이 함께 고민하고 성장하도록 도왔다. 하지만 지금의 상황은 자녀의 양육 대부분을 부모가 온전히 책임져야 한다.

대한민국에서 부모로서 살아가기란 정말 어려운 일이다. 너무나 바쁘게 돌아가는 시대적 상황 속에서 타인에 대한 관심은 줄어들고 친척과 이웃의 개념조차도 줄어들고 있는 상황이다. 과거에는 자녀가 태어나면 상당 기간 동안 엄마와의 상호작용과 주변 어른들의 보살핌과 가르침으로 자녀를 키우는 지혜를 배워 부모로서의 역할을 수행하게 되었다.

현대사회는 가족기능의 약화, 가족의 형태 및 결혼에 대한 가치관의 변화로 결혼과 자녀 출산이 미루어진다. 이러한 이유로 어린 아이를 보살펴본 경험이 거의 전무한 상태로 결혼을 하고 부모로서 특별한 준비 없이 부모가 된다. 부모가 된 성인들은 부모됨이 매우 당황스럽고 그 역할이 너무 어렵다고 여긴다. 그래서 양육과정에서 자녀만 성장하는 것이 아니라 부모 역시 진짜 어른으로 성장해야 한다. 자녀를 키우면서 부모가 성장하고, 부모가 성장함으로써 자녀도 정서적, 심리적으로 성장하게 된다. 부모는 부모다운, 자녀는 자녀다운 성장을 하기 위해서는 부모는 부모가 되는 그 순간부터, 아니 부모가 되기로 결정한 그 순간부터 스스로를 성찰하고 그 속에서 깨달음을 통해 자녀를 성장시켜야 한다. 그러나 너무나 아쉽게도 많은 부모들은 부모로서의 역할을 수행하는 내내 자신에 대한 성찰도 깨달음도 없이 그 역할을 수행한다. 부모가 부모답지 않고서는 자녀를 건강하게 성장시킬 수 없다. 온맘부모코칭프로그램은 부모다운 부모, 성숙한 부모가 될 수 있도록 부모 자신의 한계를 뛰어넘고 더 성숙한 부모역할을 할 수 있도록 돕는다.

자녀를 진정으로 이해하는 것

인간은 일방적으로 명령받고, 자신의 의사와 부응하지 않는 일을 강요받을 때 반발심이 생긴다. 자녀들은 더 말할 것도 없다. 자녀를 진정으로 사랑하는 것은 자녀를 믿고 스스로 자신의 일을 하게 하는 것이다. 무엇이든 부모가 나서서 자녀의 문제를 해결해주고 대신해주면 자녀는 자신도 모르는 사이에 스스로를 아무것도 할 수 없는 무가치한 사람, 무능력한 사람으로 생각하게 된다. 이러한 양육태도는 스스로 생각하고 선택하는 능력을 차단하여 자녀를 미숙한 어른으로 성장하게 하는 것이다. 우리의 자녀를 미래 사회가 주도하는 인재로 키우기 위해 코칭은 필수적이다.

자녀를 보다 잘 이해하기 위해 우리의 어린 시절을 생각해보도록 보자. 그런데 많은 부모들은 마치 실수하고 미숙했던 어린 시절이 없었던 사람들처럼 행동한다. 자녀들을 위한다는 명목하에 부모가 원하는 것을 정해놓고 자녀들이 원하는 것, 자녀의 생각을 무시하고, 행동을 제약한다. 부모의 어린 시절을 생각해보면 자녀들이 왜 그렇게 생각하고 행동하는지 이해할 수도 있을 것이다. 물론 우리의 어린 시절을 기억한다고 해서 자녀의 모든 것을 이해할 수 있는 것은 아니다. 자녀와 부모의 경험세계는 분명 다르고, 서로 다른 성향을 가지고 있다. 그러나 자녀의 입장에서 자녀를 이해한다면 수용할 수 있는 부분이 분명 커질 것이다. 부모가 자신의 삶을 후회한다 해도 자녀를 통해 보상받을 수 없으며, 부모의 기대를 자녀에게 강요해서도 안 된다. 부모는 이미 이러한 과정을 겪었기에 후회도 인생의 교훈이 될 수 있다. 부모는 자녀가 스스로 깨닫고 변화할 기회를 주어야 한다. 온맘 부모코칭프로그램은 부모를 자녀의 입장에서 더 들어주고 더 이해하도록 도와주며, 자녀에 대한 공감수준을 높이고, 이러한 부모와의 경험은 자녀들에게 존중받았다고 느끼게 하여 부모와 더 가까워질 수 있도록 돕는다.

자녀의 가능성을 키워주는 것

가능성이 없는 자녀는 없다. 아무리 부족해 보이는 사람이라도 작은 재능 하나쯤은 가지고 있다. 그러나 부모는 자녀에 대한 기대감 때문에 자녀의 부족한 면만 더 도드라지게 보여 자녀가 가진 가능성은 놓치고 만다. 부모가 자녀의 가능성을 믿어주지 않는다면 세상 어느 누가 그 가능성을 믿어줄 수 있을까? 이렇게 부모는 자녀의 작은 가능성도 믿어주지 않으면서 그들이 세상의 주인공이 되기를 원한다. 세상의 주인공이 될 자녀들은 대개 자신감에 차있고 성격이 쾌활하고, 무슨 일에서든 열정적일 것이다. 이런 자질은 타고난다기보다는 얼마든지 개발될 수 있고, 이때 부모의 역할은 아주 중요하다. 자녀에게 얼마만큼 관심과 사랑을 가지고 자녀의 가능성을 찾아 개발해주냐에 따라 자녀의 미래 모습은 달라진다. 진정한 미래의 주인공은 혼자만 무대 위에 서는 것이 아니라, 다른 사람과 함께 나눌 줄 알고 함께 성장하는 사람이다. 온맘 부모코칭프로그램은 자녀의 강점과 가능성을 찾아 발전할 수 있도록 부모의 가능성과 잠재력을 찾아 칭찬하고 격려한다. 이러한 경험을 다시 자녀와 나눌 수 있도록 돕는다.

자녀와 함께 성장하는 것

부모가 자녀를 사랑으로 감싸주면 자녀는 남을 배려할 줄 아는 사람으로 자란다. 부모 역시 자녀에게 존경과 사랑을 받을 때 부모다운 부모가 된다. 부모가 자녀에게 관심을 갖고, 자녀도 부모에게 관심을 가질 때 서로에게 주는 사랑의 감정도 증폭된다. 이런 자녀가 자랐을 때 사랑을 베푸는 어른이 될 수 있다.

부모의 관심과 걱정의 초점이 되는 자녀문제의 대부분은 부모에게 그 원인이 있다고 해도 과언이 아니다. 앞에서도 언급했듯이 자녀는 부모의 거울이다. 부모가 자신의 실수는 합리화하고 아무것도 아닌 척 넘어가면서 자녀의 작은 실수에도 엄격한 기준을 갖다 대고 야단을 치는 경우, 이런 부모 자신의 모습은 어느 날 자녀를 통해 보게 된다. 부모가 자녀에게 물려줄 수 있는 유산은 경제적인 것뿐만 아니라, 부모의 말투, 표정, 사람을 대하는 태도까지 어느 하나 자녀에게 물려주지 않는 것이 없다. 부모가 보여주는 건강한 품성과 모범적인 행동은 자녀에게 모델링이 된다. 온맘 부모코칭프로그램은 자녀의 파트너인 부모의 말, 행동과 태도를 스스로 자각하게 하며, 이것이 자녀에게 미치는 영향을 인식하고 스스로가 성장하고 변화하여 부모와 자녀 모두가 건강한 품성을 가지도록 돕는다.

부모됨 동기는 부모의 심리적 과정이 반영되고, 자녀에 대한 양육태도를 결정한다. 부모역할이 자녀의 성장에 따라 어떻게 달라질까?

과제 그때 나의 마음은?

▶ 자녀를 임신, 출산, 양육하는 과정에서의 나의 마음과 역할에 대해 적어보세요.

그때	나의 마음과 부모로서의 역할
임신임을 알게 된 때	
임신 초기	
임신 중기	
출산 임박	
출산 당시	
100일쯤	
돌쯤	
유치원	
학교입학 시	

활동지 1-2

Small Big! 작지만 큰 변화

구분	내용	
M 목표설정	▶ [Chapter 1]에서 세운 목표는?	
I 현실점검	▶ 지금까지의 나의 모습은?	
N 대안탐색	▶ 오늘 새롭게 알게 된 것은?	
D 실행계획	▶ 앞으로 되고 싶은 부모로서의 나의 모습은?	
평가	▶ **[Chapter 1]**에 대한 평가	낮음 ----- 높음
	• 프로그램의 목적을 이해하고 참여목표를 수립하였는가?	① ② ③ ④ ⑤
	• 코칭의 개념과 S-MIND 코칭 모델을 이해하였는가?	① ② ③ ④ ⑤
	• 부모코칭의 필요성과 목적을 이해하였는가?	① ② ③ ④ ⑤

온맘 On Mam
부모교육 코칭시리즈

CHAPTER 2

자녀가 자라는 만큼 부모도 자란다

한 장의 그림은 화가의 마음에 들지 않으면 고칠 수도 있고 찢을 수도 있으나, 자녀라는 작품은 일단 그리거나 빚어 놓으면 다시는 고칠 수 없는, 부모의 실수나 무관심을 절대로 허용하지 않는 작품이다. 멋진 작품의 탄생을 위해서 부모는 끊임없이 변화하고 성장하여야 한다.

한국지역사회교육협의회 「부모에게 약이 되는 이야기」

대부분의 사람들은 사랑하기에 결혼하고, 사랑의 결실로 자녀를 낳는 것을 당연하게 여긴다. 사회적으로도 결혼을 하면 자녀를 출산하는 것을 당연시하며 자녀의 출산으로 부부에서 부모가 되는 것을 자연스럽게 받아들인다. 그러나 요즘은 결혼 후에도 자녀출산을 원하지 않거나 다양한 이유로 자녀출산을 미루기도 한다. 이는 부모됨을 자연스럽고 당연한 통과의례로 받아들이는 것에서 부모됨에 대한 나름의 이유나 동기가 생기기 시작한 것이다.

부모됨에는 부모의 심리적 과정이 반영되고 이후 자녀에 대한 양육태도에도 영향을 미치므로, 부모됨의 동기에 대한 자신과 배우자에 대한 이해가 반드시 수반되어야 한다.

부모됨의 동기

부모됨(parenthood)이란 자녀양육과 관련된 물리적, 심리적, 경제적 돌봄의 모든 역할 수행을 의미하는 것이다. 과거에는 부모가 된다는 것을 당연한 것으로 여겨 왔지만 오늘날에는 피임기술의 발달, 미래 사회에 대한 불안, 자녀양육 비용의 증가, 청년기의 확장 등으로 인해 부모역할을 한다는 것은 다양한 심리적, 사회적 요인에 근거한 하나의 선택이 되었다. 그럼에도 많은 사람들은 부모역할하기가 힘들다고 하면서 왜 아이를 낳으려고 할까?

일반적으로 우리 사회 대부분의 성인들은 의식적이고 자발적인 선택에 의해서든 아니면 무의식적인 동기에 의해서든 여러 가지 이유로 부모가 된다. 그렇기에 부모됨의 동기를 이해하는 것은 부모의 양육태도를 이해하는 첫 단계라 할 수 있다. 이에 대표적인 부모됨의 동기에 해당되는 몇 가지 예를 살펴보면 다음과 같다.

- 부모가 되는 것은 자연적인 것이며, 숙명이라고 생각한다.
- 자녀에게 관심과 사랑을 표현하고자 하는 이타주의적인 이유에서 부모가 되고자 한다.
- 자녀를 자기의 대리인으로 생각하고 자신이 성취하지 못한 것을 자녀를 통해 성취하고 대리만족을 얻으려고 한다.
- 사회를 구성하는 대부분의 사람들은 자녀를 낳고 키우는 부모이기 때문에 자녀

출산은 사회에 소속된다는 심리적 안정감을 갖고자 한다.

이외에도 기존 자기 가족으로부터 독립, 종교적 이유, 결혼관계 유지 등 각자의 동기에 따라 부모됨을 선택하게 된다. 이러한 부모됨의 동기는 자녀가 자신의 바람대로 성장하기를 은연중에 바라게 되면서 부모의 양육태도로 나타나게 된다.

부모의 양육태도

부모의 양육태도는 자녀를 양육하는 데 있어서 일반적이고 보편적으로 나타나는 태도 및 행동으로써 자녀의 정서적, 인지적, 사회적, 성격적인 면에 크게 영향을 미치는 중요한 요인이다. 프로이드(Freud)는 영 · 유아 시기의 부모–자녀 관계 경험이 잠재의식 속에 남게 되어 일생 동안 영향을 미친다고 하였다. 이러한 부모의 양육태도에 대해 많은 학자들이 다양하게 분류하고 있지만 온맘 부모코칭에서는 다음 세 가지의 부모 양육태도에 대해 알아보고자 한다.

- 거부적 양육태도

  거부적 양육태도의 부모는 자녀가 자기 인생을 방해한다는 생각으로 자녀의 성장발달에는 무관심할 뿐만 아니라 의식적, 무의식적으로 적대감을 표시하게 되는 태도를 취하게 된다. 또한 자녀의 출생을 받아들이지 못하거나, 결혼생활에 문제가 있을 경우 이러한 거부적 양육태도를 보이게 되며, 부모 자신의 문제 때문에 자기의 갈등을 자녀에게 투사하기도 한다.

  거부적 양육태도를 보이는 부모는 의식적으로 사랑을 억제하고 무관심하다가 어느 때는 지나친 사랑을 보이는 등의 일관성 없는 행동을 하여 자녀를 당황하게 만들기도 한다. 또한 질책, 무시, 욕설, 학대 등의 특징을 보이며, 자녀에게 두려움, 불안감, 좌절감과 분노를 유발시키고 심리적 부담을 증가시켜 대인관계에서 부정적으로 작용하게 된다.

"내가 너를 낳고 내 인생이 꼬였다."
"그때 너를 낳는게 아니었는데..."
"넌 어쩜 네 아빠랑 하는 짓이 똑같니... 쯧쯧쯧..."
"내가 너 때문에 못 살겠다. 나가 죽어."
"니가 뭐 그렇지... 뭐 제대로 하는게 있어야지."

● 통제적 양육태도

통제적 양육태도의 부모는 자녀를 대하는 태도가 엄격하고, 지나치게 사랑을 절제하는 모습을 보인다. 또한 자녀를 자신의 부속물이라는 생각을 가지고 있어 자녀의 행동을 과도하게 간섭하는 것이 자녀를 위하는 것이라고 합리화한다. 뿐만 아니라 자신이 이루지 못한 목표를 자녀가 대신 이루어 주기를 바라기 때문에 자녀는 부모의 기대수준을 만족시켜주지 못할 때 열등감을 느끼고 죄의식이 생겨 성격적으로 문제가 발생할 수 있다.

통제적 양육태도를 가진 부모 밑에서 성장하는 자녀의 경우, 부모 앞에서는 굉장히 얌전하고 복종적이라서 자유스럽게 자란 아이들에 비해 예의바르고 사회성이 잘 발달되었다는 이야기를 듣는 경우도 있지만, 가정 밖에서는 개구쟁이로 행동하거나 자기보다 약한 사람을 공격하며 부모로부터 받은 스트레스를 풀기도 한다. 뿐만 아니라 부모의 과도한 통제는 자녀를 더욱 의존적으로 만들어 삶에 대한 자신감을 낮추고 불안하게 만들기 때문에 타인의 눈치를 과도하게 보거나 열등감을 느끼게 된다.

"넌 무조건 엄마가 하라고 하면 해."
"아빠는 의사가 되고 싶었는데 집에 돈이 없어서 못했다. 너는 내가 이렇게 지원해 주는데 뭐가 걱정이냐, 딴 생각 말고 의대 갈 수 있도록 공부나 해."
"너는 어떻게 저런 애랑 친구를 하니, 앞으로 민수랑 놀지 말고, 공부 잘하는 영민이랑 친구해라."
"넌 도대체 뭐가 부족해서 성적이 이따위야? 이번 달 용돈은 없을 줄 알아."

● 수용적 양육태도

수용적 양육태도는 부모와 자녀가 정서적으로 안정된 관계를 맺는 것으로, 자녀를 따뜻한 태도로 대하며 있는 그대로 받아들이는 태도이다. 자녀에게 깊은 관심을 갖고, 부모의 독단적인 의사결정은 하지 않으며, 부모 자신의 갈등에 따라 자녀를 대하지 않는다. 또한 자녀에 대해 허용적이고 인격적으로 대하며 자녀의 부정적인 감정도 자유롭게 표현할 수 있도록 하여 자녀의 정서적 안정을 돕는다.

수용적 양육태도를 가진 부모 밑에서 성장하는 자녀는 대체로 자신을 존중할 줄 알고 자신과 타인을 긍정적으로 대하며, 책임감이 높고 사교적이며, 협동적이고, 능동적이고 독립적이며, 정서적으로 안정되어 있다.

"네 꿈이 그렇다면 엄마도 응원할게. 열심히 해 보렴. 엄마가 도와줄 것이 있으면 도와달라고 하렴."
"네 마음이 그랬구나. 네 얘기를 듣고 나니 이해가 되는구나."
"시험을 잘 치르고 싶었는데 결과가 좋지 않아서 많이 속상하구나."

부모가 자녀에게 수행하는 역할과 역할 수행 과정에서 나타나는 양육태도에 따라서 자녀의 발달적 특성이 다르게 나타난다. 그렇기 때문에 부모역할은 자녀의 발달과제에 있어서 매우 중요하다. 또한 부모역할은 자녀의 발달에 따라 변화하는 것이므로, 발달단계에 따른 부모역할에 대해 정확히 인식하는 것이 필요하다. 그렇다면 나는 내 아이에게 어떤 부모역할을 했을까? 지금까지 자녀를 양육하면서 수행했던 부모역할을 적어보도록 하자.

자꾸 변하는 내 역할

▶ 자녀가 성장하는 과정에서 부모로서 무엇을 했나요?

시기	나	배우자
뱃속에 있을 때		
기어 다닐 때		
걷기 시작할 때		
말을 배울 때		
배변 훈련을 할 때		
어린이집, 유치원에 갈 때		
초등학교 다닐 때		
중학교 다닐 때		
고등학교 다닐 때		

자녀의 발달단계별 부모역할

부모들은 자녀를 잘 키워보겠다는 강한 욕구를 가지고 있지만 대부분의 부모들은 적절한 지식과 기술 부족으로 인해 문제 상황에 부딪히게 되면, 구체적인 해결 방법을 강구하기보다는 자신의 무의식적이고 습관적인 생각과 행동을 취하게 되면서 자녀와 갈등을 일으키게 된다. 이렇듯 부모역할에 대한 객관적인 이해 없이 부모가 되면 예상하지 못한 어려움과 문제에 부딪히게 될 때 제대로 된 부모역할을 수행하기가 어렵다. 그렇기 때문에 자녀양육에 대한 충분한 지식, 끊임없는 노력과 준비, 지혜로운 대처가 필요하며, 자녀의 발달단계에 따라 규칙, 상호작용 방식, 양육 목표 등을 변화시켜야 한다.

따라서 자녀의 발달과제를 살펴보고, 이에 따른 바람직한 부모역할의 변화에 대해 알아보자.

태내기(임신에서 출산까지)

자녀의 발달과제

임신은 난자와 정자가 만나는 순간부터를 말하며, 약 38주간의 기간을 거친다. 이 시기는 태아의 신체구조와 행동발달 등 인간의 발달에 기초가 형성되는 주요한 단계이다. 태아는 어머니의 신체적, 정신적 건강과 영양상태, 정서, 약물복용 등에 영향을 받는다.

부모역할

첫째, 부모로서의 자아상을 확립한다.

둘째, 태아는 어머니의 생각, 행동, 감정에 영향을 받기 때문에 임신을 알게 된 시점부터 자녀의 존재에 대해 긍정적으로 받아들인다.

셋째, 신체적 · 심리적 · 환경적인 준비를 통해 산모의 건강을 유지한다.

넷째, 부모로서 자녀의 발달과 그에 따른 양육기술에 관심을 가진다.

TIP ‘태교’ 이렇게 하세요

- 산모가 느끼는 정서는 그대로 태아에게 전달되므로 임신 중에는 감정을 조절해야 한다. 명상은 산모와 태아의 정서적 안정에 도움이 된다.
- 태아는 출생 후에도 태내 발달 동안 들었던 소리를 기억할 수 있으므로 동화책을 읽어주거나 대화를 통해서 부모의 목소리를 많이 들려주는 것이 좋다.
- 부부관계가 좋으면 태아와의 애착에도 영향을 미치므로 아버지도 함께 태교를 하는 것이 중요하다.
- 태아가 사랑받고 있다는 것을 느낄 수 있도록 지속적으로 사랑을 표현하는 것이 좋다.

영아기(출생 후 ~ 만 2세)

자녀의 발달과제

영아기에는 여러 영역에서 발달이 급속도로 성장하는 시기이다. 걷기 시작하고 의미 있는 언어를 사용하며, 애착과 기본적 신뢰감, 자율감이 발달되는 시기이다. 애착관계는 이후 인간관계 태도의 기초가 되기 때문에 매우 중요한 의미를 지닌다. 또한 인지발달을 촉진시키기 위해 여러 감각 자극들이 필요하다.

부모역할

첫째, 자녀의 수유와 수면시간 등에서 고유한 기질과 선호가 있음을 인식하고 이러한 요구에 민감하게 반응하여 자녀가 인간관계에 대해 신뢰감을 갖게 한다.

둘째, 자녀와 상호관계를 맺으며 안정적인 애착을 형성해야 한다.

셋째, 자녀가 외부와 상호작용하고 환경을 이해할 수 있도록 가르쳐야 한다.

넷째, 자녀가 다양한 감각 경험을 할 수 있도록 물리적인 환경(장난감, 책 등)을 조성해야 한다.

TIP '애착형성' 이렇게 하세요

- 자녀가 울거나 웃는 등 여러 가지 감정을 표현할 때 무심히 넘기지 말고 적절히 반응해 준다.
- 부모의 기분에 따라서 반응하기보다는 일관성 있는 태도를 보인다.
- 양육자가 자주 바뀌는 것을 피하고, 양육자가 바뀌는 경우에는 자녀가 새로운 양육자에게 익숙할 때까지 이전 양육자와 함께 돌본다.
- 다른 사람들과 접하는 기회를 가져 타인에 대한 신뢰감을 넓힐 수 있도록 한다.
- 다양한 애정표현법을 개발하여 실천한다.

유아기(만 2세 ~ 6세)

자녀의 발달과제

이 시기의 자녀는 움직임이 많아지며, 주변 환경에 대해 활발한 탐색을 한다. 어휘력이 증가하여 다른 사람과의 의사소통이 활발해지고 자율적이고 독립적이며 자기주장이 강해진다. 또한 또래집단에서 사회적 기술을 습득하게 되며, 성 역할을 터득하고 자신에 대한 정체감을 형성해 나가게 된다.

부모역할

첫째, 안전하고 자유롭게 탐색할 수 있는 환경을 제공해 준다.

둘째, 언어적 상호작용을 통해 충분하게 표현할 기회를 주도록 한다.

셋째, 양육태도에 일관성을 유지하면서 자율적인 권위를 자연스럽게 세워나가야 한다.

넷째, 부모와의 상호작용을 통해 사회기술(식사하기, 인사하기, 양보하기 등)을 익힐 수 있도록 돕는다.

다섯째, 성 역할에 대해 남성, 여성의 역할이 고정적이지 않고, 상호 협조하는 관계라는 것을 생활 속에서 자연스럽게 인식시켜 나가야 한다.

TIP '일관성 있는 양육태도' 이렇게 하세요

- 부모의 기분에 따라 허용해주지 말고 일관성 있는 기준을 정해두고 지킬 수 있도록 지도한다.
- 자녀의 특성이나 인성, 인격에 대해 평가하지 말고 잘못된 행동에 대해서만 구체적으로 언급한다.
- 일방적 지시보다는 아이들이 스스로 터득해갈 수 있는 환경을 구성하여 제공한다.

아동기(만 6세 ~ 12세)

자녀의 발달과제

아동기는 학교생활과 또래관계를 통해 근면성을 발달시키는 시기이다. 자녀가 자신의 성취 결과를 또래와 비교하는 기회도 많아지면서 여러 영역에서 자신의 능력에 대해 걱정하고 자신의 능력이 기대에 미치지 못하는 경우에는 수치감과 부적절감을 느낀다.

부모역할

첫째, 자녀가 할 수 있는 적절한 수준의 과제를 통해 성취를 맛보게 함으로써 근면성을 발달시킬 수 있도록 도움을 주어야 한다.

둘째, 스스로 공부하는 습관, 성격에 맞는 학습방법을 익히도록 하며, 인지적 교육과 더불어 다양한 경험을 통해 인간을 중시하는 인간관을 갖도록 한다.

셋째, 자녀가 또래와 잘 어울리지 못하는 어려움이 있다면 적절히 지원해 주어야 한다.

넷째, 자녀가 학교생활에서 경험하는 분노와 좌절감을 조절할 수 있도록 도와주어야 한다.

TIP '정서적 조절' 이렇게 하세요

- 수줍음이 많은 자녀는 미소 짓기나 말하기 등의 표현력을 늘리고 타인과 상호작용을 위한 또래집단을 구성하여 함께 어울릴 수 있는 기회를 마련해 준다.
- 공격적인 행동을 하는 자녀는 긍정적인 사회적 기술발달을 위해 또래와 협동하기, 도와주기 등의 지도와 요구나 제안을 하는 언어기술을 발달시킨다. 또한 분노를 조절하는 기법을 지도하고, 다른 사람들의 관점을 이해할 수 있는 능력을 길러 주는 것이 필요하다.
- 괴롭힘을 당하는 자녀는 괴롭히는 행위에 대해 자기주장을 할 수 있도록 지도한다.

청소년기(만 12세 ~ 18세)

자녀의 발달과제

청소년기는 급격한 신체 발달과 2차 성장발달이 일어나며 또래관계가 더욱 중요해지고 이성교제가 시작되며, 부모에 대한 의존욕구와 함께 심리적으로 독립하는 시기이다. 또한 자아정체감이 형성되고 자율성을 기르는 과정에서 부모의 권위에 대해 의문을 갖게 되고 자신의 입장을 강하게 주장하게 된다. 이로 인해 부모와의 갈등이 증가한다.

부모역할

첫째, 자녀의 독립을 도와주어야 하며, 자녀와의 의사소통 방식도 기존의 방식이 아닌 새로운 방식으로 개선할 필요가 있다.

둘째, 이전과는 다른 부모-자녀 관계를 정립하여 단순한 양육자로서의 역할이 아니라 보호자로서, 동일시 대상으로서, 그리고 상담자이며 때로는 친구관계로서의 역할을 담당해야 한다.

셋째, 사춘기의 제2차 성장이 나타나는 시기이므로 자녀가 성적욕구를 지닌 존재임을 인정하여 자녀의 변화를 받아들이고 자녀의 합리성과 논리성을 객관적으로 수용하고 지지하는 자세가 필요하다.

TIP ‘자녀의 독립심’ 이렇게 해주세요

- 청소년기의 자녀들은 부모로부터 독립하고 싶어 하지만 심리적으로 미성숙하기 때문에 부모의 지도가 여전히 필요하다.
- 자녀의 독립을 위해서 부모와 안정적인 관계가 되도록 한다.
- 자녀의 생활에 너무 집착하거나 지배하지 않도록 한다.
- 반항하는 자녀를 무조건 통제하기보다 믿고 기다려준다.

지금까지 살펴보았듯이 부모역할은 일방적이고 고정된 것이 아니라 상호작용하고 변화하는 것이다. 자녀의 발달단계에 따른 부모역할에 대해 정확히 인식하는 것은 실제로 부모역할을 수행하면서 부딪히게 되는 예상치 못한 어려움에 효과적으로 대처하는 데 도움이 된다.

내가 가진 내 모습

부모의 역할은 좋은 의도나 사랑만으로 수행되는 것은 아니기 때문에 충분한 지식, 끊임없는 노력과 준비, 지혜로운 대처가 필요하다. 따라서 부모역할에서의 강점과 약점을 찾아보고 강점은 더욱 강화시키고 약점은 보완하는 작업이 반드시 필요하다.

내가 가진 내 모습

▶ 지금까지 수행한 부모역할 중 내가 가진 모습을 적어보세요.

나에게 있는 모습

결심했어! 이젠 안 할거야.	이런 것을 잘해요.
이건 옳지 않아!	노력해서 이루고 싶어요!

원하지 않는 모습

원하는 모습

나에게 없는 모습

나는 ______________ 부모가 되고 싶어요

어떤 부모가 되기를 원했는가? 이 활동을 통해 자신이 되고 싶은 부모의 모습을 확인해 보았다. 부모로서 자신이 갖고 있는 강점을 알고 약점을 보완한다면 부모역할을 수행하는 데 좀 더 자신감을 가질 수 있게 된다.

부모 자신에 대한 이해와 성찰을 위해 지금 자신과 배우자가 하고 있는 부모역할은 어떠한지 살펴보자. 부모의 역할 중 서로 협력이 잘 되는 것도 있고 협력이 어려운 것도 있다. 부모역할을 수행하면서 생기는 갈등과정을 살펴봄으로써 부모 자신이 중요하게 생각하는 가치들을 알아볼 수 있다. 이 활동은 [Chapter 3]에서 배우게 될 부모의 가치관을 이해하는 데 도움이 될 것이다.

과제 쿵짝쿵짝 & 삐걱삐걱

❶ 나의 양육태도(거부, 통제, 수용)와 역할은 무엇인가요?

❷ 배우자의 양육태도(거부, 통제, 수용)와 역할은 무엇인가요?

❸ 나와 배우자가 협력이 잘 되는 부모역할은 무엇인가요?

❹ 나와 배우자가 갈등이 있는 부모역할은 무엇이며 어떻게 다른가요?

'부모가 되기는 쉬워도 부모 노릇 하기는 어렵다'는 말을 들었을 때 많은 사람들이 공감하는 이유는 부모역할이 누구에게나 쉽지 않기 때문이다.

대부분의 부모는 자녀양육에 있어서 자신이 할 수 있는 최선의 노력을 다하기에 자신이 지닌 한계를 아는 것은 쉽지 않으며 한계를 드러내는 데는 용기가 필요하다. 부모가 자신이 가진 문제를 이해하는 것은 부모역할을 좀 더 잘하기 위한 것이므로, 외부의 도움도 필요하고 스스로의 노력을 통해 자신의 자녀양육 행동을 효과적으로 개선해 나갈 필요가 있다.

Small Big! 작지만 큰 변화

구분	내용	
M 목표설정	▶ [Chapter 2]에서 세운 목표는?	
I 현실점검	▶ 지금까지의 나의 모습은?	
N 대안탐색	▶ 오늘 새롭게 알게 된 것은?	
D 실행계획	▶ 앞으로 되고 싶은 부모로서의 나의 모습은?	
평가	▶ **[Chapter 2]**에 대한 평가	낮음 ----- 높음
	• 부모가 되고자 하는 나의 동기에 대해 알게 되었는가?	① ② ③ ④ ⑤
	• 자녀의 성장에 맞는 부모역할에 대해 이해하였는가?	① ② ③ ④ ⑤
	• 부모역할 중 나의 강점과 약점을 찾았는가?	① ② ③ ④ ⑤
	• 내가 되고 싶은 부모모습을 찾았는가?	① ② ③ ④ ⑤

CHAPTER 3

우리 자녀, 이런 사람 되게 하소서!

위험에서 벗어나게 해 달라 기도하지 말고 위험에 처해도 두려워하지 않게 해 달라
기도하게 하소서.
고통을 멎게 해 달라 기도하지 말고 고통을 이겨 낼 가슴을 달라 기도하게 하소서.
생의 싸움터에서 함께 할 친구를 보내 달라 기도하는 대신 스스로의 힘을 갖게 해 달라
기도하게 하소서.
두려움 속에서 구원을 열망하기보다는 스스로 자유를 찾을 인내심을 달라 기도하게 하소서.
나의 성공에서만 신의 자비를 느끼는 이기주의자가 되지 않게 하시고 나의 실패에서도
신의 손길을 느끼게 하소서.

라빈드라나트 타고르 「딸아 외로울 때는 시를 읽으렴 인생편」

부모가 자녀에게 바라는 것은 자녀의 행복이라고 해도 과언이 아니다. 자녀가 어떤 사람이 되고 어떤 인생을 살아야 할까를 생각할 때 많은 부모들이 자녀가 어떤 직업을 가지고 얼마만큼 사회적 경제적 성취를 이루는가 하는 문제로 바라보지만, 사실상 사회적 성공이나 물질적 풍요가 행복을 보장해 주는 것은 아니다. 그렇다면, 행복한 삶을 위해 꼭 필요한 것이 무엇일지에 대해 생각해 보아야 한다. 정신적, 신체적 건강과 경제적 여유, 원만한 대인관계 등 여러 가지를 꼽을 수 있겠지만 그 모든 것의 바탕은 올바른 '가치관'이다.

가치관이란 무엇인가? 개인이 중요하게 생각하는 '잣대' 혹은 '원칙'으로, 두 개 이상의 대상 중에서 어떤 것을 택할지 결정하는 인간의 생각 혹은 신념체계이다. 부모가 어떤 가치관을 가지고 있느냐에 따라 자녀에 대한 기대, 양육태도가 달라진다. 부모 자신의 가치관은 평소에는 잘 자각되지 않지만 선택이나 행동, 감정을 통해 점검할 수 있다. 예를 들어, 시간을 잘 지키는 것을 중요한 가치로 생각하는 부모는 자녀가 지각하는 것을 용납하기 힘들고, 자녀가 아침에 늦잠을 잘 때 벌컥 화를 낼 수 있다. 이처럼 부모의 양육태도는 가치관의 영향을 늘 받고 있다. 그러므로 자녀를 양육하는 가운데 만날 수 있는 갈등상황이나 중요한 선택의 순간에는 부모 자신의 가치관 확인이 필요하다.

배우자와 자신의 역할 갈등 속 가치갈등을 살펴보고, 주어진 상황 속에서의 갈등과 선택을 살펴봄으로써 부모 자신이 중요하게 생각하는 가치들을 알아보자.

TIP 가치관(價値觀)

- 가치란
  - 필요와 욕구를 충족시킬 수 있는 것, "나에게 중요한 것이 무엇인가?"
- 가치관의 기능
  - 뜻 있고 보람찬 삶을 판단하는 기준
  - 좋고 나쁨, 옳고 그름을 판단하는 기준
  - 갈등을 해결하고 결정을 내리는 기준
- 가치관이 중요한 이유
  - 우리의 생각과 감정, 행동, 즉 삶의 태도(부모의 양육태도)를 결정함.

너와 나의 가치관

▶ [Chapter 2]의 과제를 참고해서, 배우자와 나의 역할 중에서 협력이 잘 되는 역할과 갈등이 있는 역할을 살펴보세요. 그 이유를 생각하면서 배우자와 내가 각각 어떤 가치를 소중하게 생각하는지 확인해 보세요.

협력이 잘 되는 역할	
협력이 잘 되는 이유	
협력이 어렵고 갈등이 있는 역할	
협력이 어렵고 갈등이 있는 이유	
배우자가 소중히 여기는 가치	
내가 소중히 여기는 가치	

이럴 땐 어떻게?

▶ 아래 주어진 상황에서 어떤 갈등이 있고, 어떤 선택을 할지 적어보세요.

자녀가 다닐 유치원(학교, 학원)을 결정해야 한다.
일반 유치원에 보내야 할까?
아니면 영어유치원 혹은 명문유치원에 보내야 할까?

❶ 나는 부모로서 어떤 선택을 할까요?

❷ 위와 같은 선택을 하게 된 것은 내가 어떤 가치를 중요하게 생각하기 때문일까요?

배우자와 자신의 역할 갈등 속에 어떠한 가치갈등이 있는지를 살펴보고, 자녀양육에서 접할 수 있는 선택의 상황에서 자신의 갈등과 결정을 통해 부모 자신이 중요하게 생각하는 가치들을 알아보았다.

이제 자녀와의 갈등상황을 생각해보고 그 갈등상황에서 과연 부모는 자녀에게 어떤 변화를 바라는 것인지를 고민해봄으로써, 부모 자신의 가치관을 확인해보자. 또한 자녀가 중요하게 생각하는 가치를 살펴보고 부모와 자녀의 가치관이 다를 수 있고, 서로의 가치관을 존중해야 함을 기억하도록 하자.

활동지 3-3

우리 자녀, 이런 사람 되게 하소서!

❶ 자녀에게 바라는 점을 적어보세요.

나는 우리 자녀가 ______________________________ 을(를) 바란다.

왜냐하면 ______________________________ 이(가) 중요하기 때문이다.

나는 우리 자녀가 ______________________________ 을(를) 바란다.

왜냐하면 ______________________________ 이(가) 중요하기 때문이다.

나는 우리 자녀가 ______________________________ 을(를) 바란다.

왜냐하면 ______________________________ 이(가) 중요하기 때문이다.

나는 우리 자녀가 ______________________________ 을(를) 바란다.

왜냐하면 ______________________________ 이(가) 중요하기 때문이다.

❷ 부모로서 중요하다고 생각하는 가치를 적어보세요.

TIP 참고하세요

자신감, 키, 배려심, 자격증, 책임감, 유머, 창의성, 외모, 성적, 상호존중, 학벌, 친절, 성실함, 대인관계(친구), 지능, 좋은 직업, 좋은 배우자, 용기, 스펙, 협동심, 경제력, 주도성, 전문성, 재능, 자존감, 청결, 안전 등

활동지 3-4

우리 자녀가 중요하다고 생각하는 것은?

▶▶ 자녀가 중요하게 생각하는 가치관은?(집에 가서 자녀와 대화해보세요)

TIP 나와 자녀가 다른 가치관을 가질 수 있다

늘 지켜보아 온 자녀이지만, 그 자녀가 소중하게 생각하는 가치가 무엇일지 적어보는 것이 쉽지 않을 수도 있다. 그만큼 우리는 자녀의 입장에서 자녀를 존중하는 것이 잘 훈련되어 있지 않은 것이다. 그러나 이렇게 한번 고민해 보는 것은 의미가 있다. 나와 자녀가 다른 가치관을 가질 수 있고, 각자가 중요하게 생각하는 것이 다를 수 있다는 것을 인정하고, 각자의 가치관을 수용하며 존중함으로써 부모와 자녀가 파트너가 되어 함께 성장해 나간다는 것을 잊지 않아야 한다.

갈등 속에 가치갈등이 있는 것과 부모-자녀 간의 갈등상황 속에서 부모가 자녀에게 바라는 모습이 있고, 그것이 가치관에 의한 것임을 알았다. 자녀를 양육하면서 문제에 부딪힐 때, 문제에만 초점을 두면 해결책을 찾기 어렵다. 그러나 서로 가치관이 다를 수 있음을 인정하고 존중하면 갈등 해결의 실마리를 쉽게 찾을 수 있다.

부모 자신의 가치관을 여러 활동을 통해 확인했고, 자녀의 가치관에 대해서도 고민해보았다. 자녀의 가치관을 알아보는 것이 쉽지 않을 수 있다. 부모 자신의 가치관도 확실히 알지 못했으나 활동을 통해 확인한 것처럼 자녀의 가치관도 함께 찾아갈 수 있다. 이런 과정이 바로 코칭이다. 코치와 감독은 다르다. 감독은 이끌어가는 사람이다. 코치는 함께 합숙하면서 선수들의 삶을 인정하며 선수들의 삶 속에 함께 들어가 있는 사람이다. 부모는 코치가 되어야 한다.

가치관의 차이를 알았을 때 우리는 어떤 태도를 가져야 할까? 무엇보다 중요한 것은 서로의 가치관을 존중해 주는 것이다. 나와 배우자의 가치관, 나와 자녀의 가치관이 서로 다를 수 있음을 이해하고 서로의 가치관을 존중할 수 있다면 우리는 좋은 부모에 성큼 다가가게 된다.

품성

부모로서 자녀에게 가르치고 전달해야 할 중요한 가치관은 무엇일까? 여러 가지가 있겠으나 무엇보다 '품성'의 중요성을 강조하고자 한다. 사전적 의미로 품성(品性)은 '품격과 성질을 아울러 이르는 말'이다. 품성은 사람마다 갖는 독특한 성질 중에서 반복된 삶의 패턴 속에 비교적 지속적으로 일관되게 나타나는 특성 또는 경향을 말하며, 일반적으로 사람과의 관계 속에서 구체적인 말, 행동, 태도를 통해 표현된다.

개인이 갖게 되는 품성은 환경과 문화, 전통에 영향을 받게 되는데, 자녀에게 있어서 가장 직접적인 영향을 주는 사람은 바로 부모이다. 부모로부터 경험하게 되는 삶의 방식에 반복하여 반응하면서 품성이 형성되어 가고, 더 나아가 성장하면서 자신이 어떻게 반응할 것인가를 결단하는 과정을 통해 개인적인 품성은 구체화된다.

흔히 부모들은 자녀가 좋은 직업을 가지고, 사회 · 경제적으로 성공하면 행복하게 살 수 있을 것으로 여긴다. 그러나 사회적으로 존경받는 직업을 가진 사람 혹은 경제적으로 남부러울 것 없이 풍요로운 사람들이, 한 명의 사람으로서 갖추어야 할 올바른 품성을 갖추지 못하여 결국 자신의 적나라한 실체가 드러나고 사회적인 지탄을 받으며 몰락해 버리는 것을 매스컴에서 종종 볼 수 있다. 그러므로 자녀들이 의미 있고 행복한 삶을 살기 위해 소중히 여기고 가꾸어 가야 할 품성이 그만큼 중요하다고 할 수 있다. 많은 품성들 중에서 여기서 강조하고 싶은 것은 용기, 자존감, 상호존중, 책임감, 협동심이다. 다섯 가지 품성들은 별개의 것이 아니다. 하나를 먼저 익히고 그 다음 하나를 익히는 식이 아니라, 함께 갖추어 나가야 한다. 이해를 돕기 위해 각각의 품성들을 살펴보자.

용기

오늘날의 복잡한 사회에서는 순간순간 선택 속에서 살아가야만 하는데, 그러한 선택의 순간에 용기는 중요한 품성이다. 아들러(Adler)와 처칠(Churchill)은 모든 인성적 자질은 용기에서 비롯되므로 용기가 가장 중요한 특성이라고 입을 모아 이야기했다.

용기란 어떤 것일까? 용기는 선택의 순간이나 새로운 일을 시작할 때 어려움이 있다는 것을 알지만 성공할 가능성이 있음을 기억하면서 위험을 감수하고서라도 도전해 볼 수 있는 자신감이라고 할 수 있다. 이러한 용기는 지루하고 정체된 상태에 대한 인내심과, 일을 하거나 배우는 과정 자체를 즐기는 태도와도 연결된다. 용기는 쉽게 포기하지 않는 것이다. 두려워하지 않아야 한다는 말이 아니다. 오히려 두려움이 있음에도 불구하고 기꺼이 위험을 감수하고자 하는 자세가 용기인 것이다.

> 만약 어린이에게 한 가지 선물을 준다면, 그것은 아마 '용기'일 것이다.
>
> – 알프레드 아들러(Alfred Adler)

선택의 상황에서 자신이 가야 할 길에 도움이 되지 않는 것을 하지 않는 것도 용기다. 이런 용기는 시간과 열정을 뺏어가는 수많은 유혹 앞에 있는 부모와 자녀들에게 매우 중요하다.

용기의 품성을 갖춘 자녀는 삶에서 여러 가지 어려움 앞에 섰을 때 끝까지 노력할 것이고, 때로 실패하더라도 포기하지 않고 다시 도전할 수 있다. 이러한 용기는 과연 어떤 과정을 통해서 얻어지는지 다음 품성을 소개하면서 살펴보자.

자존감

자존감이란 '나는 능력 있고 사랑스러운 인간으로서 잘 해낼 수 있다'는 신념이다. 스스로를 좋게 보고, 자신이 성공할 수 있는 능력을 가졌다고 생각할 때 위험을 감수할 수 있는 용기를 갖게 된다. 그 결과, 성공을 맛보고 사람들에게서 긍정적인 피드백을 받게 되면 자존감이 더욱 강화된다. 자녀가 문제나 실패를 아예 만나지 않을 수는 없지만, 그들이 실패나 문제를 만났을 때 잘 헤쳐 나갈 수 있게 됨으로써 성공에 대한 자신감이 커지고 자신에 대한 자존감이 더 커지게 된다.

TIP 자녀의 자존감을 키워주기 위해 꼭 필요한 "한계 정하기"

- 안전한 심리적, 물리적 공간 제공
  - 걷기 시작하는 돌 무렵부터 규칙을 세운다.
- 한계를 설정한다는 것은 감당할 수 있는 모험을 제공하는 것이다.
  - 한계란 명백하고 구체적이어야 한다.
  - 한계 안에서는 도전과 탐색이 허용되고 최대한의 보호를 해준다.
  - 한계를 넘어서는 행동은 단호하게 제지해야 한다.
  - 한계는 점차 넓어져야 한다.
- 커가면서 한계 정하기의 초점은 안전에서부터 기본적인 가치와 도덕 교육, 충동조절 능력 키우기로 이동해간다.
- 한계의 설정은 행동의 지침이 되기 때문에 심리적 안정감을 준다.
- 규칙은 최소한으로 적게 하여야 성공할 수 있다.
- 자신이 사랑받고 있다고 느끼고 부모와 긍정적이고 따뜻한 관계를 유지할 때 한계를 잘 따른다.

자존감이 높은 자녀는 문제를 만났을 때 자신 스스로를 시련에 맞서서 성공할 수 있는 절호의 기회를 가진 능력 있는 인간으로 생각한다. 이런 자녀는 실패도 배움의 기회로 여기고 포기하지 않고, 긍정적 행동을 통해 삶의 문제와 씨름해 나가며 성공하게 된다. 그러나 자존감이 낮은 자녀는 위험 상황을 감수할 용기가 부족하다. 그래서 노력해 보거나 시도해 보려 하지 않고 포기하거나 힘들이지 않고 욕구를 성취하기 위해 그릇된 행동을 하게 된다. 그런 행동은 결국 실패를 가져오게 되고 다른 사람으로부터 부정적인 피드백을 받게 되어 자존감이 낮아진다.

이와 같이 자존감이야말로 성공의 열쇠라고도 할 수 있다. 자녀의 자존감이 길러지려면 어떤 경험들을 해야 할까?

상호존중

부모와 자녀는 상호존중을 통해 자존감이 길러진다. 자녀에게 자신과 타인을 존중하도록 가르치는 일은 가정에서 먼저 시작되어야 한다. 상호존중은 자신과 타인의 가치를 인식하고 상대의 생각을 수용하여 이를 행동과 태도로 표현하는 것이다.

부모가 자녀를 훈육할 때 더욱 강조되는 것이 상호존중이다. 자녀를 존중하면서 훈육한다면, 자기 자신을 존중하고 다른 사람에게도 존경심을 가지고 대하는 것을 배우게 된다. 자녀를 존중해 주는 것은 자녀가 부모를 존경하도록 가르치는 좋은 방법이다.

때때로 과잉보호적인 부모는 자녀에게 스스로 노력하여 어떤 문제를 해결할 기회를 부여하기를 어려워한다. 자녀의 어려움을 줄여주고자 부모가 문제를 대신 해결해 주려고 한다. 이런 부모의 태도는 자녀를 존중하지 않는 것이다. 부모가 자녀를 믿고, 자녀가 도움을 요청할 때 도와주는 것이 상호존중이다.

TIP 과잉보호하는 부모

- 홀로 있는 시간에는 대부분 아이들 문제를 생각한다.
- 아이가 깜박 잊고 가져가지 않은 숙제나 준비물을 학교로 가져다 준다.
- 항상 자신이나 배우자보다 아이들을 먼저 생각한다.
- 부모는 아이에 대한 모든 것을 알고 있어야 한다고 생각한다.
- 아이가 아무 것도 하지 않을 때는 뭔가 할 것을 찾아주지 않으면 불안하다.

부모가 다른 사람들에게 보여 주는 존중의 모습은 자녀에게 상호존중의 좋은 본보기가 된다. 사람들과 상호작용할 때 항상 상호존중의 자세로 임하고, 상호존중이 가정의 중요한 가치관이 될 때 자녀는 사람들을 존중하는 태도를 체득하게 된다. 이렇게 상호존중을 통해 자존감을 키우고 용기가 있는 자녀들에게 따라오는 귀한 품성들이 있다. 바로 책임감과 협동심이다.

책임감

자신이 결정을 내리고 그 결과에 대해 책임지는 것은 매우 중요하다. 책임감은 우리 사회에서 인정받고 살아가기 위해 기본적으로 요구되는 품성이다. 책임감은 자신의 행동에 대한 결과를 받아들이는 것이다. 누구든 자신의 문제를 다른 사람이나 환경 탓으로 돌리고 변명을 늘어놓기가 쉽다. 실수를 했을 때, 변명과 책임 전가를 하기보다 그 결과를 받아들이면, 그 실수를 통해 책임감을 배울 수 있다. 책임감은 상황의 요구에 맞추어 올바른 행동을 하는 것이다. 자녀에게 옳고 그른 것의 차이를 가

TIP 책임감의 발달

- 자신이 처리할 수 있는 일은 스스로 선택하고 처리하게 하되, 자녀의 성장에 따라 그 범위를 넓혀 나간다.
  - 능력의 한계 내에서 자율을 허용한다.
  - 지나친 자유와 방임은 오히려 불안을 초래하므로 선택의 폭을 좁혀준다.
  - 자녀의 성장에 따라 점차 스스로 할 수 있는 일을 늘려준다.
- 청소년기 의사결정 나무
  - 잎: 아이가 알아서 하고 부모에게 보고하지 않는다.
    일상적인 일들
  - 가지: 자녀가 결정하고 실행한 후에 부모에게 보고만 한다.
    그리 중요하지 않고 별 피해가 없는 경우
  - 줄기: 아이가 결정을 한 후 부모의 승낙을 얻는다.
    중요하거나 잘못되면 자녀에게 손해가 생길 수 있는 경우
  - 뿌리: 부모가(혹은 함께) 결정을 한다.
    매우 중요하거나 잘못되면 자녀에게 큰 해를 입힐 수 있는 경우

르쳐 주고 어렵고 고통스러울지라도 옳은 일을 하게 하는 것은 부모에게 매우 중요한 일이다. 또한 자녀가 옳은 행동을 했을 때, 자녀의 옳은 행동과 용기를 인정하고 격려해 준다면 자녀는 책임감이라는 품성을 더욱 잘 가꾸어 나갈 수 있게 된다.

자녀가 존중받는 경험을 하면, 자신이 한 선택에 대해 책임지고자 하는 마음이 생긴다. 나아가, 존중받고 책임지고자 하는 마음과 자세가 갖추어지면 힘의 균형을 맞추며 힘을 조율할 수 있기 때문에 협동심도 생긴다.

협동심

협동심이란 두 명 이상의 사람들이 공동의 목표를 달성하기 위해 상호지지적인 방식으로 함께 일하는 것을 일컫는다. 타인과 협력하는 것을 배운 자녀는 경쟁심이 지나친 자녀보다 성공할 가능성이 훨씬 크다. 흔히 경쟁이 곧 성공에 이르는 길이라고 강조하지만 사회의 발전을 이끌어 온 지도자들은 협동심이 지닌 힘을 알고 있다. 협동심은 함께 사는 방법이다. 규칙과 한계를 명확히 하고 나눔과 다른 사람의 입장에서 생각해보는 것을 배운 자녀는 상대를 배려하며 함께 협동할 수 있다.

생후 몇 개월 동안 부모는 자녀에게 중요한 역할을 하고, 부모와의 신뢰 관계를 통해 자녀는 협동을 경험한다. 또한 자녀가 사람들 사이에서 최초로 관찰하는 협동은 부모 간의 협동이다. 그러므로 만일 부모 간의 협동이 잘 되지 않는다면 자녀는 협동을 배우기가 어렵다. 협동심을 배운 자녀는 그렇지 못한 자녀보다 올바르게 성장하고, 만족한 삶을 살 수 있다.

자녀에게 협동심을 가르칠 수 있는 또 다른 방법은 문제해결을 통해서이다. 부모와 자녀가 문제 상황에서 함께 해결책을 찾아 나간다면 협동심을 배우는 최고의 기회가 된다.

지금까지 다섯 가지 품성들을 살펴보았다. 이러한 품성들은 별개의 것이 아니라 함께 갖추어 나가야 하며, 엄마의 잔소리나 강요로 만들어질 수 있는 것이 아니다. 부모 스스로가 이런 품성들을 갖추어 나감으로써 자녀도 자연스럽게 그것을 받아들이게 된다. 완벽한 부모도 완벽한 자녀도 없다. 부모로서 더 나아지기 위해 꾸준히 노력하는 것이 필요하고 중요한 것은 부모 자신의 행동이다. 서두르지 않고 조금씩

TIP 올바른 가치관을 전달하기 위해 노력하면서

- 이끌어 주는 부모 VS 밀어붙이는 부모

  부모 자신이 먼저 노력하고 모범을 보이면서 자녀를 존중하는 태도는 이끌어 주는 것이다. 그러나, 성급한 마음에 자녀를 밀어붙이는 실수를 할 수 있다. 밀어붙이기는 단기적으로는 효과적인 것처럼 보이지만 장기적으로는 파괴적인 결과를 낳는다. 자녀가 성장하면서 부모의 압력을 더 이상 견딜 수 없을 정도가 되면 그 압력에서 벗어나기 위해 파괴적인 방식으로 행동한다.

- 부모가 밀어붙일 때 자녀에게 나타나는 징후
  - 학용품이나 장난감 망가뜨리기, 잃어버리기
  - 노력하지 않거나 게을러 보임, 피곤함, 우울함
  - 짜증, 화, 반항, 수면장애, 식욕 저하 등의 행동

  ∨ 밀어붙이기 징후가 있을 때는 물러서는 것이 현명하다.

노력해 나가는 모습을 부모가 먼저 보여준다면 우리 자녀들은 분명 부모의 뒤를 따라 훌륭한 삶을 만들어 갈 것이다.

가치관이나 품성들이 하루 아침에 갖추어지는 것이 아니라면 성인인 부모들의 가치관은 언제 어떤 과정을 통해 만들어졌을까? 과거 가족에서의 경험 속에서 자기 부모의 가치관들을 답습하였으리라는 것을 어렵지 않게 추측할 수 있다. 부모가 자신의 부모와의 관계에서 어떤 영향을 받았는지 살펴보는 과정은 자녀를 대하는 자신의 모습을 이해하기 위해 꼭 필요하다.

과제 부모에게 들었던 말! 말! 말!

▶ 부모나 주요한 인물(할머니, 할아버지, 고모, 삼촌, 이모, 선생님 등)에게 자주 들었거나 기억에 남는 말을 적어보세요.

시기	말	누구에게
어린 시절		
초등학교		
중학교		
고등학교		
성인		
기타		

Small Big! 작지만 큰 변화

구분	내용	
M 목표설정	▶ [Chapter 3]에서 세운 목표는?	
I 현실점검	▶ 지금까지의 나의 모습은?	
N 대안탐색	▶ 오늘 새롭게 알게 된 것은?	
D 실행계획	▶ 앞으로 되고 싶은 부모로서의 나의 모습은?	
평가	▶ **[Chapter 3]**에 대한 평가	낮음 ----- 높음
	• 가치관의 차이로 인해 갈등이 있을 수 있고, 서로에게 바라는 모습들이 있을 수 있음을 이해하였는가?	① ② ③ ④ ⑤
	• 부모로서 나의 가치관을 이해하고 자녀의 가치관과 다를 수 있음을 이해하였는가?	① ② ③ ④ ⑤
	• 부모로서 자녀에게 전달해야 할 중요한 품성들에 대해 이해하였는가?	① ② ③ ④ ⑤

CHAPTER 4
자녀에게 전하는 소중한 유산, 따뜻한 말 한마디

살면서 끝까지 내 편이 되어줄 사람, 나의 보호자는 나뿐입니다. 시간 날 때마다 '잘했어. 수고했어. 괜찮아. 힘내. 사랑해'라는 말을 자신에게 자주 하세요. 분명 그 말이 마법의 언어가 되어 당신을 지켜 줄 테니까요.

김정환 「내 마음 들여다 보기」

자녀는 태어나 자라면서 부모의 말을 듣고 성장한다. 부모의 말은 자녀의 인생에 큰 영향을 미치며, 무심코 던지는 부모의 한마디 말에 자녀의 평생이 좌우될 수 있다. 부모가 자녀에게 하는 말은 자녀의 성격을 형성하고 자녀가 문제를 해결할 수 있도록 돕는다.

언어적 메시지

"엄마, 이번에 시험을 망친 것 같아요."

"으이구, 그럴 줄 알았다. 네가 잘 하는 게 뭐가 있니?"

"그래도 이번에 영어 90점 받았는데... 수학 문제가 너무 어렵게 나왔어요."

"변명하지마. 옆 집 애는 영어, 수학 다 백점 받았다고 하더라."

"저한텐 수학이 너무 어려워요."

"저걸 머리라고 달고 다니는지... 아빠 닮아서 머리가 안 좋아. 입 다물고 당장 들어가서 공부나 해."

"엄마, 이번에 시험을 망친 것 같아요."

"노력한 만큼 결과가 좋지 않아 답답하고 속상하겠네."

"수학문제가 너무 어렵게 나왔어요. 한다고 했는데... 전 수학이 너무 어려워요."

"응. 수학문제가 어렵게 나왔나 보구나."

"수학은 너무 싫어요. 공부해도 안 될 것 같은데..."

"처음에 영어도 어려워했지만, 처음부터 차근차근 공부해서 이번에 성적이 많이 올랐잖아. 수학도 그렇게 한 번 해보자. 넌 할 수 있어. 용기 내."

부모의 말 한마디는 자녀가 스스로에게 가지는 자신에 대한 관점에 많은 영향을 미친다. 위의 예시에서 알 수 있듯이, 부모는 자녀가 어떤 일을 해결하지 못하고 있을 때, '넌 할 수 있어'라고 용기를 주는 메시지를 줄 수도 있고, '넌 할 수 없어'라는 메시지를 줄 수도 있다. 자녀가 어떤 일을 할 때 잘 안 될 것 같거나 마음에 들지 않는다고 해서 쉽게 포기를 해버린다면, 그동안 자녀에게 적절한 메시지를 주지 못한 부모의 영향이 크다고도 할 수 있다.

모든 부모들은 자녀에게 좋은 메시지를 전하고 싶어 한다. 메시지를 통해 자녀에게 사랑의 마음을 표현하고, 인생을 함께 걸어가는 든든한 동반자로 인식시켜 준다. 어떤 일이든지 잘해낼 수 있다는 격려를 하고, 어려운 일이 생기면 언제든지 의논할 수 있다는 믿음을 주고 싶은 것이 부모의 마음이다.

그렇다면 부모는 자신의 마음을 자녀에게 제대로 전하고 있는 걸까? 부모는 자녀의 건강한 성장과 미래를 위해, 어떤 메시지를 보내고 있을까?

"승우야, 남자는 울면 안 돼. 남자답게 행동해야지."
"수현아, 그거 엄마가 다 해줄게."
"경운아, 넌 커서 훌륭한 의사가 되어야 해."

이러한 메시지들은 자녀가 잘 성장했으면 하는 부모의 바람에서 나오는 말들이다. 하지만 자녀를 잘 키우기 위해서 하는 말들이, 정말 자신의 자녀를 위하는 것일까? 이러한 말들이 남자 혹은 여자라는 틀에 가두는 건 아닌지, 독립적인 존재로 성장하는 데 방해가 되는 건 아닌지, 자녀 스스로 꿈을 꾸지 못하게 하는 건 아닌지 한 번쯤 곰곰이 생각해 본 적이 있는가?

부모는 자녀를 잘 키우기 위해 끊임없이 자녀에게 '이렇게 해라', '이런 사람이 되라'는 말을 한다. 그러나 부모가 잘되라고 보내는 메시지가 자녀에게 모두 득이 되는 것만은 아니다. 잘되라고 하는 말이 오히려 자녀의 자존감을 깎아내리고 상처를 주며, 타인에게 의지하는 사람으로 만들기도 한다. 부모가 자녀를 위해 하는 말들이 부모의 바람과는 정반대의 영향을 주기도 한다.

비언어적 메시지

메시지는 말로 전하는 언어적 메시지뿐만 아니라 비언어적 메시지도 있으며, 언어적 메시지와 비언어적 메시지는 하나의 묶음으로 상대에게 전달된다. 그러나 아직까지 많은 부모들이 비언어적 메시지의 중요성에 대해 잘 모르고 있으며, 적절하게 사용하지 못하는 경우가 많다. 그러면 비언어적 메시지란 무엇일까?

비언어적 메시지란 언어적 메시지를 제외한 나머지의 다양한 행동, 즉 얼굴표정, 시선 마주침, 신체자세와 동작, 제스처, 신체적 접촉 및 음성의 억양 등을 통해 이루어지는 메시지를 말한다. 사람들은 대부분 언어적인 메시지가 중요하다고 생각하지만, 실제로 비언어적인 메시지가 의사소통에 더 큰 비중을 차지한다. 미국의 사회 심리학자인 앨버트 메라비언(Albert Mehrabian)에 의하면 의사소통에서 몸짓과 태도 등 말하는 행동이 55%, 음성이나 어투 등 청각적인 요소가 38%, 말의 내용은 7% 정도가 대화에서 영향을 미치는 요소라고 한다. 비언어적인 메시지는 다음과 같은 특징을 보인다.

- 비언어적 메시지는 다양하다. 제스처, 얼굴표정, 시선 마주침, 음성의 억양, 자세, 목소리의 높낮이나 강도, 말의 속도와 지속시간 등 다양한 방식을 통해 전달되는 반면, 언어적 의사소통은 말하기라는 한 개의 방식에 제한된다.
- 비언어적 메시지는 모호하다. 눈썹을 움찔하거나 추켜세우는 것은 사람에 따라 다른 의미를 줄 수 있다. 따라서 비언어적 단서들은 많은 정보를 제공하기는 하지만, 언어적 메시지와 일치될 때 내용의 전달이 명확해진다.
- 비언어적 메시지는 정서를 전달한다. 사람들은 때로 말없이 '살벌한 시선'으로 자신의 감정을 전달한다. 자신이 관심을 가지고 있는 사람 가까이 서거나 앉는 것, 만지는 것 및 바라보는 것 등은 긍정적 감정의 비언어적 표현이다. 그러나 비언어적 신호 그 자체는 정서상태의 정확한 지표가 아니기 때문에 추론을 할 때는 주의해야 한다.
- 비언어적 메시지는 언어적 메시지와 모순될 수 있다. 당신은 사람들이 겉으로 화가 난 것으로 보임에도 불구하고 화가 나지 않았다고 말하는 상황을 겪어 보았는가? 이러한 모순과 직면했을 때 어떤 메시지를 믿을 것인가? 연구 결과에 의하면 어떤 사람이 거짓말을 하도록 지시받았을 때 그 속임은 비언어적 신호를 통해서 가장 쉽게 탐지되었다.

부모는 자녀에게 어떠한 비언어적인 메시지를 사용하고 있을까? 평소에 자녀에게 따뜻한 눈길과 미소를 보내고 있는지, 아니면 무표정한 얼굴로 자녀를 바라보고 있지는 않은지? 안아주면서 속삭이듯이 사랑한다고 말을 하는 것과 그냥 말로만 사랑한다고 하는 것은 분명한 차이가 있다. 자녀가 잘못을 했을 때에도, 그냥 소리치며 혼내기보다는 눈을 쳐다보며 단호한 어조로 말을 하는 것이 더 효과적이다. 언어적 메시지와 비언어적 메시지를 적절하게 사용하여 자녀에게 전달하는 것이 무엇보다 중요하다.

비언어적 메시지	
긍정 비언어적 메시지	• 안아주기 • 손잡아주기 • 어루만지기 • 눈 맞추기 • 웃어주기 • 고개 끄덕여주기 • 머리와 몸을 쓰다듬기 • 어깨 두드려주기 • 자상한 말투로 말하기 • 안정된 톤으로 말하기
부정 비언어적 메시지	• 고개 돌리기 • 삿대질하기 • 침묵하기 • 반응 안하기 • 소리 지르기 • 혀를 차기 • 싸늘하게 표정 짓기 • 고개를 좌우로 흔들기 • 굳은 표정으로 말하기 • 짜증 섞인 목소리로 말하기

이중메시지

부모가 언어적, 비언어적인 메시지를 모순적으로 사용할 때, 자녀에게 부정적인 영향을 미치게 된다. 언어와 비언어가 일치하지 않고 따로따로 전달될 때, 이중메시지 또는 혼합된 메시지를 전달하게 된다. 이러한 메시지는 전달하고자 하는 내용의 정확성을 떨어뜨릴 뿐만 아니라, 듣는 사람에게 혼란을 준다.

"엄마, 이번에 받아쓰기 시험 90점 받았어요."
"(무표정한 얼굴과 힘없는 목소리로) 그래, 잘했네."
"(눈치를 살피며) 잘했죠? 이번에 열심히 받아쓰기 공부했어요."
"(아쉬운 듯한 표정을 지으며) 응. 그래."
"네........."

자녀는 정말 칭찬받는 기분을 느낄 수 있었을까? 칭찬으로 받아들이는 자녀도 있으며, 그렇지 못한 자녀도 있다. 대부분의 자녀는 부모의 애매모호한 메시지를 받으면 그것을 자기가 원하는 방식으로 해석하고 이해한다. 부모가 언어적인 메시지로는 "잘했네"라고 하면서 비언어적인 메시지는 '무표정한 얼굴과 힘없는 목소리'로 표현한다면, 자녀에게 행동의 기준을 가르쳐주지 못할 뿐만 아니라 감정적으로도 불안과 혼란을 가중시키게 된다. 따라서 부모는 자신의 말과 행동을 일치시켜 분명한 메시지를 전달할 수 있게 하는 것이 중요하다.

그러면 부모는 어떻게 해야 자녀에게 언어적, 비언어적인 메시지를 일치시켜 긍정적인 메시지를 보낼 수 있을까? 이 의문에 대한 해답을 찾기 위해서 먼저 해야 할 일은 부모 자신이 부모로부터 어떤 메시지를 받았는지 살펴보는 것이 필요하다.

말 속에 숨은 비밀

❶ [Chapter 3]의 과제를 참고해서, 아래의 내용을 적어보세요.

구분	언어적 메시지	비언어적 메시지
긍정 메시지		
부정 메시지		

❷ 위 내용 중에서 가장 기억에 남는 메시지를 선택하고, 그때 상황과 나의 기분, 행동 등을 적어보세요.

상황	
기분	
행동	

활동지 4-1

말 속에 숨은 비밀

❸ 부모에게 받은 긍정 · 부정 메시지가 나에게 어떠한 영향을 미치고 있는지 구체적으로 적어보세요.
(예: 공부, 친구관계, 직장생활, 결혼생활, 나와 자녀관계 등)

긍정 메시지	
부정 메시지	

이렇듯 부모에게 받았던 메시지를 바탕으로 한 자동적 반사행동들이, 자신의 삶에 많은 영향을 미치게 된다. 특히 많은 부모들은 '어린 시절 내가 부모가 되면 우리 자녀에게 절대 하지 말아야지' 했던 부정적인 말과 행동을 부모가 되어서 무의식적으로 하고 있는 자신을 발견한다. 그러면 부모는 자녀에게 어떤 메시지를 주고 있을까?

같은 듯 다른 듯

❶ 자녀에게 주는 언어적 · 비언어적 메시지를 적어보세요.

언어적 메시지	
비언어적 메시지	

❷ 위의 메시지가 자녀에게 미친 영향을 적어보세요.

받고 싶고, 주고 싶어요!

❶ 부모에게 받고 싶은 새로운 메시지는? (언어적 · 비언어적 메시지 모두 포함)

❷ 새로운 메시지가 자신에게 미칠 영향은?

❸ 자신의 자녀에게 주고 싶은 새로운 메시지는? (언어적 · 비언어적 메시지 모두 포함)

부모의 말 한마디

말 한마디는 위대한 힘을 갖고 있다. 절망적인 상황을 희망으로 바꾸고, 행복한 삶을 불행한 삶으로도 바꿀 수 있다. 자녀를 성공시킨 경우와 자녀를 불행으로 이끈 부모의 말을 역사 속 사례에서 찾을 수 있다.

: 부모의 말이 자녀를 성공시킨 경우 :

"지름길은 없다"

GE 전 최고경영자인 잭 웰치. 지금은 대중들 앞에서 거침없는 말솜씨를 자랑하는 사람이지만, 어릴 적에는 말을 더듬는 버릇이 있었다. 그의 친구들이 '말더듬이'라고 놀릴 때 어머니는 그에게 "네가 말을 더듬는 것은 네가 너무 똑똑하기 때문에 그런 거란다. 너처럼 똑똑한 아이의 머리를 너의 혀가 따라오지 못해서 그런 거야. 네 머릿속의 생각이 네가 말하는 속도보다 빨리 움직이고 있기 때문에 말을 더듬는 것이란다." 라고 말해 아이의 열등감을 자부심으로 바꿔줬다. 어린 잭 웰치는 어머니의 말을 믿고 그 후로 말을 더듬는 것을 창피하게 생각하지 않고 자신감을 가질 수 있었다. 심지어 고등학교 때 친구들은 잭 웰치가 학교에서 가장 말이 많았던 친구로 기억하고 있다. 잭 웰치가 가장 좋아하는 어머니의 가르침은 "열심히 하지 않는다면 너는 커서 아무것도 되지 못할 것이다. 지름길은 없다." 라는 것이다. 부모의 말 한마디는 자녀에게 인생을 지탱하는 가장 큰 힘이 된다.

"겁내지 말고 해봐. 너라면 할 수 있어"

미국 최초의 여성 대통령 후보 힐러리 클린턴. 힐러리가 4세 때, 그녀의 가족은 가난한 사람들이 모여 사는 시카고 시내에 살다가 교외의 부자 동네로 이사했다. 빈부 격차가 심해 많은 수모를 당했던 힐러리는 울면서 집으로 돌아오기 일쑤였다. 하루는 힐러리가 도망치듯 울면서 집으로 돌아오자 어머니가 막아섰다. "힐러리, 겁쟁이는 우리집에 들어올 수 없다. 네 스스로 어려움과 싸워야 해. 가서 네가 두려워하지 않는다는 것을 보여 줘. 애들이 때리면 너도 맞서 때려라" 라고 말했다. 이 말은 힐러리에게 용기를 북돋아 주어 어려움을 극복하는 용기를 키워주었다. "어려움에 도전하라. 경쟁을 두려워하지 마라" 이 말은 힐러리가 한 말이다. 현재 닥친 어려움을 잘 극복하고 도전할 수 있는 용기는, 부모의 말 한마디에서 오는 것임을 잊지 말아야 한다.

: 부모의 말이 자녀를 불행으로 이끈 경우 :

"더러워. 만지지 마!"

큰 재산을 물려받은 상속자, 독불장군 영화 제작자, 기록 경신에 나선 시험 비행 조종사, 총명한 두뇌, 막대한 유산으로 20대 초 거부가 된 하워드 휴즈. 여러모로 대단한 인물이었으나 그를 유명하게 만든 또 다른 이유가 있다. 하워드 휴즈는 어머니의 과잉보호 속에 친구도 거의 없이 외롭게 자랐다. 당시 전염병이 자주 발생해 그의 어머니는 그에게 전염병이 옮을까봐 전전긍긍했다. 아들을 목욕시키면서 '오염'이란 뜻의 단어 'contamination'을 한 글자씩 외우게 하는 등 결벽증으로 키웠다. 성인이 된 그는 화장지로 손을 감지 않고는 어떤 물건도 만지지 않았으며, 비서에게는 고무장갑을 낀 채 타이핑을 요구하는 등 강박적인 결벽증이 심해졌고, 결국 40대에 세상으로부터 자신을 격리시켰다.

"네가 하는 일은 뭐든지 다 옳다"

세계를 공포의 도가니로 몰아넣었던 독재자 아돌프 히틀러. 세무 공무원이었던 아버지는 술꾼에 무례하고 권위주의적이었으며, 어머니는 병약했다. 출세욕이 강했던 아버지는 아들의 예술가 기질을 인정하지 않고 자신처럼 공무원을 만들려고 혹독하게 다루었다. 아버지에게 억눌려 사는 엄마를 보호하려고 아버지를 향해 분노를 표출할 때도 있었는데, 어머니는 그런 아들의 잘못을 지켜보며 "네가 하는 일은 다 옳다"고만 했다. 자신의 상황 때문에 아이가 잘못을 저질러도 그냥 넘어가 광기를 더욱 키운 셈이다.

[출처: 이정숙 (2009). 자녀를 성공시킨 엄마의 말은 다르다. 나무생각]

부모의 칭찬과 격려 한마디가 자녀에게 큰 힘이 된다. 부모가 사랑스러운 말투로 긍정적인 내용의 말을 했을 때, 자녀는 행복하고 기분이 좋아진다. 자녀는 부모에 대해서도, 또한 자기 자신에 대해서 매우 긍정적인 생각을 갖게 된다. 반대로 매우 부정적인 내용의 말을 매우 부정적인 말투로 한다면, 자녀는 어떤 생각을 하게 되고, 어떤 반응을 하게 될까? 부모의 말 한마디는 자녀에게 사랑을 전하기도 하고 상처를 주기도 하며, 그 상처를 치유하고 성장하게 만들기도 한다. 그러므로 부모는 자녀에게 말을 할 때 신중해야 한다. 지금까지 해 왔던 것보다 조금 더 신중하게 자녀에게 긍정적 메시지를 전해야 한다.

그러면 자녀에게 어떤 말을 해줘야 할까? 좋은 말들은 많이 알고 있지만, 자녀의 마음상태와 상황에 맞게 표현하는 데 어려움을 겪는 부모들이 많이 있다. 그러면 그때그때 상황에 맞게 사용할 수 있는 격려와 위로의 말들을 배워 보자. 아래 Tip은 부모 자신과 자녀의 기대와 욕구에 맞는 건강한 말들이며, 앞서 [Chapter 3]에서 살펴본 자녀의 품성을 키우기 위해 도움이 되는 말들이다.

TIP 아이에게 '정직함을 가르치는' 냉철한 말

1. 네 눈으로 직접 확인해 보렴

- 자신의 눈으로 사실을 판단하게 하는 것이 중요하다. 다른 사람의 말이나 주변 분위기에 휩쓸리지 않는 사람이 되는 것이 중요하다고 가르친다.

2. 속여서 이기는 것보다 지는 게 낫단다

- 아이에게 요령보다는 노력의 중요성을 가르친다. 그러면 경쟁이나 대결에서 이기지 못했더라도 크게 기분 나빠하지 않는다.

3. 규칙은 반드시 지켜야 해

- 규칙은 모든 사람이 평등하게 살아가기 위한 약속이다. 불만이 있어도 따르는 것이 중요하다.

4. 잘못을 했으면 바로 사과하자

- 잘못은 누구나 할 수 있다. 하지만 사과를 함으로써 그 잘못이 용서되고, 또 기분이 좋아진다는 사실을 알려 준다. 잘못을 인정하고 사과하는 일이 '정의(正義)'의 첫걸음이다.

5. 거짓말로 위기를 모면하면 마음이 슬퍼져

- 거짓 변명으로 다른 사람을 속이는 것보다 야단을 맞더라도 정직하게 말하는 것이 좋다는 것을 알려 준다.

TIP 아이에게 '용기를 길러 주는' 말

1. 이런 일도 할 수 있구나!

- 칭찬은 아이의 마음을 들뜨게 한다. 다른 아이와 비교하지 말고 아이가 발전해 가는 모습을 인정해 준다.

2. 마지막 결정은 스스로 하렴!

- 충고는 부모가, 하지만 실제로 결정하는 것은 아이의 몫이다. 스스로 결정하는 것이 용기의 첫걸음임을 알려 준다.

3. 실패했으면 다시 하면 돼

- 고치지 못하는 것은 없다고 가르치자. 결과를 두려워하지 않는 마음에서 용기가 생겨난다.

4. 엄마(아빠)는 언제나 네 편이란다

- 어떤 상황에서도 자신을 알아주는 사람이 있다는 것은 즐거운 일이다. 용기를 길러주는 것은 부모가 아이에게 해 줄 수 있는 최고의 안정이다.

5. 모르는 것을 물어보는 것도 용기란다

- 용감한 것만이 용기가 아니라는 것을 가르친다. 자기 자신에게 정직한 것이야말로 진정한 용기다.

TIP 아이의 '기분을 밝게 하는' 말

1. 정말 잘 어울려

- 이런 평범한 한 마디로도 아이는 웃음을 되찾는다. 자신이 성장했다는 것을 인정받는 것은 누구라도 즐거운 일이다.

2. 웃는 얼굴이 최고야

- 아이들의 웃는 얼굴은 정말 아름답다. 언제나 밝게 터지는 아이의 웃음을 칭찬해 주자.

3. 참 좋은 친구들을 두었구나

- 아이의 친구들을 칭찬하면 아이의 친구관계가 밝고 자유스러워진다.

4. 재미있니?

- 아이의 명랑함을 유도하는 단순한 말이다. 자신의 즐거움에 대해 이야기를 나눌 때 아이들은 빛을 발한다.

5. 이것이 네 장점이구나

- 아이의 장점을 발견하는 것은 교육에서 얻을 수 있는 즐거움이다. 말로써 아이를 자극해 보자.

TIP 아이에게 '자신감을 심어 주는' 말

1. 참 재미있는 생각이구나!

- 아이의 생각(발상)에 자신감을 갖게 만들어 주자. 부모가 받아들였다는 사실만으로도 아이에게는 자신감이 생긴다.

2. 한번 해 보자

- 이 말은 긍정적인 마음을 유도하기 위함이다. 의욕을 인정받는 아이일수록 의욕이 더욱 상승하는 법이다.

3. 잘 참았어. 훌륭하다

- 최선을 다하라며 몰아붙이는 말이 아닌 위로의 말이다. 결과보다 노력을 높이 평가하는 부모가 되자.

4. 어떤 경우에도 너는 너야

- 결점이나 약점이 인간에 대한 평가를 좌우할 수는 없다. 남과 다른 자신을 좋아할 수 있도록 만들어 준다.

5. 남과 다르다는 건 매우 중요한 거야

- 열등감이란 아무런 근거가 없는 것이라는 점을 가르쳐 주자. 한 사람 한 사람이 모두 다르기 때문에 훌륭한 것임을 깨우쳐 주자.

TIP 아이가 '목표를 갖게 하는' 말

1. 할 수 있는 계획을 세워 보자

- 열심히 노력하는 사람이 싫증을 내거나 피곤하지 않도록 목표 달성의 즐거움을 깨닫게 한다.

2. 흥미 있다면 시작해 보자

- 어떤 계기가 있으면 목표가 생긴다. 좋아하는 것을 시작하면 점점 수준을 높여 갈 수 있다.

3. 끝까지 마무리하니 좋구나

- 목표에 가까이 다가가는 것은 즐거운 일이라는 점을 알려 주기 위해서는 자신의 꿈을 이야기하는 아이로 키운다.

4. 관심을 가진다는 것은 매우 중요하단다

- 자신이 하고 있는 일에 자신감을 갖도록 한다. 큰 목표를 이루게 하는 것은 열정이다.

5. 어렵겠지만 한번 해 볼까?

- 진보라는 것은 스스로 느낄 수 없다. 어떤 일에 대한 결과를 목표로 최선을 다하도록 격려하자.

TIP 아이에게 '안정감을 주는' 말

1. 세상에 쓸모없는 일은 없단다

- 어떤 경우라도 중간에 그만두어서는 안 된다고 가르친다. 자신은 물론 타인의 역할도 중요하다는 것을 일깨워 줄 수 있는 말이다.

2. 괜찮아!

- 아이들에게 안정감을 느끼게 하는 아주 단순한 말이다. 막연한 불안함이나 외로운 감정이 들 때 큰 위로가 되어 준다.

3. 네 자신을 믿으렴

- 아이들이 어떤 큰일에 도전할 때 자신감을 불어넣어 주는 것은 매일 매일 열심히 노력하는 것뿐이라는 것을 가르쳐 준다.

4. 처음부터 자신 있는 사람은 없단다

- 자신감은 처음부터 생겨나는 것이 아니라 노력하는 과정에서 저절로 생겨나는 것이라는 점을 알려 주자.

5. 힘들면 도와줄게

- 불안하지 않은 발자국을 내딛게 하는 말이다. 자립심은 시간을 두고 길러 주는 것이 좋다.

TIP 아이를 '활발하게 하는' 말

1. 크게 심호흡을 해 보자

- 활기 없는 아이를 활발하게 만들고 여유를 주는 주문 같은 말이다.

2. 밖에 나가 뛰어 놀으렴

- 집에만 틀어박혀 있으면 근육이 단련되지 않아 자연스레 손발이 약해진다. 바깥 날씨가 추워도 밖에 나가 운동을 하면 건강해진다.

3. 우리 함께 노래할까?

- 노랫소리는 집 안을 밝고 활기 넘치는 분위기로 만들어 준다. 실제로도 아이들은 노래 부르는 것을 매우 좋아한다.

4. 네게 맡길게

- 책임을 맡는다는 것은 부담스러운 일인 동시에 즐거운 일이다. 아이는 한 사람 몫의 대우를 받으면 활기가 넘친다.

5. 굉장히 튼튼해졌구나

- 몸이 튼튼해졌다는 말을 들으면 어떤 아이라도 기분이 좋아진다. 공부도 중요하지만 체력이 다부진 아이로 키우는 것도 중요하다.

TIP 아이에게 '감사와 감동을 가르쳐 주는' 말

1. 네 안에 보물이 있어

- 그때의 감동을 잊지 않기 위해서 아이의 마음속에 들어 있는 '보물'을 부모가 함께 소중하게 여기도록 한다.

2. 귀를 기울여 보렴

- 세상에는 눈에 보이지 않지만 중요한 것이 있다. 감동은 조용한 마음속에서 생겨나는 것임을 가르쳐 준다.

3. 참 신기하구나

- 감동은 호기심에서 시작된다. 있는 그대로의 사실을 받아들이는 것이 중요하다.

4. 그림이나 음악을 통해 세상을 배울 수 있단다

- 예술을 말로 설명한다는 것은 매우 어려운 일이다. 하지만 감동하는 마음은 누구나 가지고 있는 공통된 감정이다.

5. 참 행복하구나

- 이 평범한 말은 작은 감사의 마음을 담고 있다. 편안하다거나 만족했다는 마음의 고마움을 아이에게 가르쳐 주자.

[출처: 다고 아키라 (2005). 아이를 빛나게 하는 금쪽 같은 말. 나들목]

아무리 좋은 말이라도 표현하지 않으면 아무런 의미가 없다. 부모의 진심이 느껴질 수 있도록 말과 행동을 함께 자녀에게 전하는 연습과 노력이 필요하다. 매일매일 상황에 따라 진심으로 자녀에게 말을 건네자. 행복해하는 자녀를 보면서 부모도 행복해질 것이다.

활동지 4-4

과제 부모도 자녀도 성장하는 말

▶ 자녀에게 전하고 싶은 언어적 · 비언어적 메시지를 적고, 실천해 보세요.

자녀에게 전하고 싶은 메시지	실천 여부
1.	□ □ □ □ □
2.	□ □ □ □ □
3	□ □ □ □ □
4.	□ □ □ □ □
5.	□ □ □ □ □

자녀를 위하는 부모의 마음은 한 번에 전달되지 않는다. 부모는 긍정적인 메시지를 꾸준하게 지속적으로 전하고자 하는 노력이 필요함을 명심해야 한다. 이러한 노력을 통해 부모도 성장하고, 자녀도 성장할 것이다.

부모가 자녀에게 전하는 소중한 유산, 따뜻한 말 한마디

세상의 모든 부모는 자녀가 밝고 건강하게 자라서 행복한 삶을 살기를 원한다. 그러면 언젠가 부모 품을 떠나 자신의 힘으로 세상을 살아갈 자녀에게 진정으로 필요한 것은 무엇인지, 부모가 물려줄 수 있는 최고의 유산은 무엇인지 생각해 본적이 있는가? 대다수의 부모는 자녀가 성공해서 행복해지려면 물질적인 조건이 중요하다고 생각한다. 그러나 자녀가 앞으로 나아가야 할 길에는 물질적인 조건만으로 해결되지 않는 일이 너무나도 많다. 자녀에게 돈이나 명예, 물질적인 조건을 물려줄 수 없다고 안타깝게 여기지 말자. 부모가 자녀에게 진정으로 물려줘야 하는 것은 물질이 아니다. 아무도 예측할 수 없는 위기가 닥쳤을 때, 자녀 스스로 자신을 믿고 나아갈 수 있는 힘이 필요하다. 어떠한 어려움이 닥치더라도 흔들리지 않고 나아갈 수 있는 힘, 그 힘은 부모의 말 한마디에서 온다. 자녀는 부모의 말 한마디에 힘을 얻는다. 자녀에게 행복한 미래를 열어주는 부모의 소중한 말들을 통해, 자녀는 스스로 자신의 행복을 찾아갈 수 있다.

부모도 자신이 어린 시절 부모에게 사랑받았던 경험을 기억할 것이다. 부모가 따뜻한 눈빛으로 안아주며, "사랑해"라고 했던 순간을 잊지 못할 것이다. 그렇게 자란 부모는, 자신의 자녀에게도 '사랑'을 말과 행동으로 표현할 줄 안다. 좋은 말과 행동은 계속해서 오랫동안 이어진다. 부모가 자녀에게 전하는 소중한 유산, 따뜻한 말 한마디는 자녀의 마음속에 고스란히 남아 다음 세대에도 이어진다.

오늘 당장 따뜻한 눈빛으로 안아주면서, 자녀에게 사랑한다고 말하라. 그 순간 자녀는 부모에게 정말 소중한 유산을 물려받게 되는 것이다.

TIP 부모가 하지 말아야 할 10가지 말

1. 그때 저걸 그냥 낳지 말았어야 했는데...
2. 머리는 무거운데 왜 달고 다니냐!
3. 야! 이제 그만 떠들고 들어가 공부해!
4. 너, 방에 들어간 게 언젠데 아직도 그러고 앉았냐?
5. 넌 무슨 서론이 그렇게 기냐? 요점만 말해!
6. 너도 이다음에 꼭 너 같은 새끼 한번 낳아 보렴
7. 대가리에 피도 안 마른 것이
8. 너, 그 아이하고 다시는 어울리지 마!
9. 몇 개 틀렸어? 그래서 네가 몇 등 했냐고?
10. 엄마가 못 해준 게 뭔데?

[출처: 이성호 (2011). 부모가 하지 말아야 할 21가지 말. 학지사]

Small Big! 작지만 큰 변화

구분	내용
M 목표설정	▶ [Chapter 4]에서 세운 목표는?
I 현실점검	▶ 지금까지의 나의 모습은?
N 대안탐색	▶ 오늘 새롭게 알게 된 것은?
D 실행계획	▶ 앞으로 되고 싶은 부모로서의 나의 모습은?

평가	▶ **[Chapter 4]**에 대한 평가	낮음 ----- 높음
	• 자신의 부모에게서 받았던 메시지는 무엇이며, 어떠한 영향을 미치고 있는지 알아차렸는가?	① ② ③ ④ ⑤
	• 자녀에게 주는 메시지는 무엇이며, 어떠한 영향을 미치는지 알아차렸는가?	① ② ③ ④ ⑤
	• 과거 부모로부터 받았던 메시지에서 벗어나, 자녀에게 새로운 메시지를 줄 수 있는가?	① ② ③ ④ ⑤

CHAPTER

아하, 새롭게 보이는 우리 자녀 5

자식이 어릴 때는 따뜻하게 품 안에 안아주는 게 사랑이고, 사춘기 때는 지켜봐 주는 게 사랑이고, 스무 살이 넘으면 냉정하게 정을 끊어 홀로설 수 있도록 하는 게 사랑이다. 부모가 자식을 사랑할 때와 놓아 주어야 할 때를 정확히 아는 지혜가 필요하다. 자녀와의 관계에서 부모가 자신을 보지 않고 자녀의 문제만 보기 때문에 근본적인 문제 해결이 되지 않는다. 부모가 자신이 어떤 마음인가를 돌아보고 자신의 문제를 먼저 바로잡을 때 비로소 자녀의 문제를 해결하고 진정한 엄마 노릇을 할 수 있다

법륜 스님 [엄마수업]

자녀를 잘 키운다는 것을 자녀와 아무런 갈등 없이 원만한 관계를 유지하는 것이라 생각하기 쉽다. 그러나 자녀의 나이나 성별에 따라 경험하는 갈등 양상은 다르지만, 양육과정에서 겪는 자녀와의 갈등은 필연적이다. 자녀가 어릴 때는 부모의 권위로 갈등을 통제하는 것이 가능하지만, 자녀가 성장할수록 통제적이고 지시적인 방법으로 갈등을 해결하는 것은 불가능에 가깝다. 그렇다면, 반복되는 갈등을 경험하고 해결하려는 노력에도 불구하고 비슷한 이유로 갈등을 경험하는 이유는 무엇일까?

부모와 자녀는 하나의 운명공동체다. 우리가 의식하지 않더라도 하나의 끈으로 연결되어 있고, 그것을 애착이라고 부른다. 애착은 부모와 자녀에게 사랑과 행복을 주고, 소속감을 형성할 수 있게 한다. 그러나 애착의 연결고리가 역기능적으로 작용할 경우, 부모와 자녀 사이에 갈등이 생기게 되고, '할머니-엄마-딸'처럼 세대로 이어지기도 한다. 세대로 이어지는 갈등을 들여다보면, 갈등의 중심에서 부모가 자신의 원가족과 겪었던 갈등양상을 발견하기도 한다. 그럴 때 많은 부모들은 '나는 달라야지, 그러지 말아야지' 하며 자녀를 다르게 양육하려 애쓰지만 말처럼 쉽지 않다. 왜냐하면 부모 자신도 원가족과 경험한 갈등의 이유와 그것이 부모 자신과 자녀의 갈등에 미치는 영향에 대해 모르기 때문이다.

지금부터 우리는 자녀와의 갈등 관계를 넘어 새로운 관계를 통해 새롭게 서로를 바라보게 될 것이다. 이것은 쉬운 일은 아니지만, 부모라면 누구나 원하는 일이다. 부모 자신이 원가족과 자신에 대해 새롭게 인식하는 것은 자녀를 새로운 시선으로 만나는 통로가 될 것이다.

TIP 이렇게 해요 [과일 가게에 가면]

[과일 가게에 가면]은 과일을 고르는 자신의 기준에 대해 알아보고, 그 기준을 가지게 된 이유에 대해 탐색해 봅니다.

1. 과일가게에서 복숭아를 산다고 가정해 봅시다. 활동 ①에 제시되어 있는 각 기준을 생각하며 구체적인 자신의 기준을 쓰세요.
2. 활동 ②는 복숭아를 고르는 기준을 가지게 된 이유를 생각해 보세요. 이유는 여러 가지일 수 있어요(예: 할머니가 어릴 때 하신 말씀, 어머니를 따라 시장에 갔다가 보고 알게 되었다 등).
3. 활동 ③은 그 기준을 가질 때 가장 많이 들었던 말에 대해 쓰세요(예: 복숭아는 수분이 많아야지, 복숭아는 빨그리한게 맛있지 등).
4. 활동 ④는 복숭아를 고르는 기준에 영향을 받은 것도 있지만, 자신의 경험을 토대로 새롭게 형성된 것에 대해서 생각해 보세요(예: 겉이 약간 멍든 것처럼 생긴 것은 쓴 맛이 나서 피한다, 크기가 클수록 맛있다 등).
5. 활동 ⑤는 활동 ④에 적은 자신의 기준을 갖게 된 이유에 대해서 살펴보세요(예: 먹어보고 알았다, 다른 사람이 권해 주는 걸 먹어보고 나서 등).

활동지 5-1

과일 가게에 가면

❶ 복숭아를 사러 과일 가게에 왔습니다. 나는 어떤 복숭아를 고르나요?

모양	
향	
크기	
가격	
기타	

❷ 내가 복숭아를 선택하는 기준은 누구의 어떤 영향을 받아서 일까요?

❸ 그 기준에 가장 많은 영향을 미친 '말'은 무엇인가요?

❹ 혹시 들었던 말과 다르게 선택하게 된 나만의 기준은 있나요?

❺ 나만의 기준을 갖게 된 계기는 무엇인가요?

과일 하나를 고를 때에도 우리는 고민을 한다. 맛있는 과일을 고르는 기준은 사람마다 다르기 때문이다. 그리고 그 기준조차도 완전히 새로 형성되지 않고 누군가의 영향을 받는다. 자녀를 바라보는 가치관도 그렇다. 지금부터는 부모-자녀와의 관계를 점검하고, 부모 자신의 가치관에 대해 살펴보도록 하자.

TIP 이렇게 해요 [가까이 하기에는 너무 먼 우리]

[가까이 하기에는 너무 먼 우리]는 부모-자녀 간에 반복적으로 경험하는 갈등상황을 알아봄으로써, 갈등을 일으키는 원인과 유지 및 증폭시키는 이유에 대해서 탐색합니다. 또한 갈등상황에 대해 자녀의 입장에서 생각해봄으로써 갈등상황을 좀 더 객관적으로 볼 수 있도록 합니다.

1. 활동 ①의 그림을 보고 부모와 자녀를 정하세요. 갈등을 가장 많이 겪는 자녀도 괜찮고, 활동을 통해 해결하고 싶은 갈등상황의 자녀로 정하세요. 그런 후 가장 빈번한 갈등상황에 대해서 생각해 보고, 각 문항에 답하세요. 특히 상황에서 '나', '배우자', '자녀'의 행동, 말, 표정 등에 대해서 구체적으로 생각해 보세요.
2. 활동 ②에서는 갈등이 생기는 원인과 유지 및 증폭시키는 요인에 대해 알아보고, 자녀가 어떤 생각을 하고 있을지에 대해서 구체적으로 생각해 보세요.

활동지 5-2

가까이 하기엔 너무 먼 우리

❶ 자녀와의 갈등상황을 통해 나와 자녀의 모습을 살펴보세요.

어느 쪽이 나와 자녀인가요?	나와 자녀가 자주 겪는 갈등상황은 무엇인가요?
	언제
	어디서
	무엇에 대해
	왜
	어떻게 하나 [나] [배우자] [자녀]

가까이 하기엔 너무 먼 우리

❷ 상황을 촉발시킨 원인, 유지 및 강화시키는 요인은 무엇인가요?

구분	나	자녀
갈등이 시작되는 이유		
갈등이 계속되는 이유		
갈등이 증폭되는 이유		

활동 5-2를 통해 지속적으로 반복되는 갈등상황에 대해 살펴보았다. 부모-자녀가 갈등을 겪는 이유는 관계의 상호작용 때문이다. 즉, 부모 자신의 가치관이 자녀의 가치관과 충돌하기도 하고, 부모-자녀의 갈등상황에 영향을 미치는 환경의 영향도 있다.

대부분의 부모들은 '친구 같은 부모'가 되길 원한다. 이는 자녀와 친밀한 관계를 유지하면서 소통하는 부모가 되고자 하기 때문이다. 자녀가 어릴 때에는 부모의 권위로 자녀를 양육할 수 있으나 자녀가 성장하면 자녀를 존중하며 상호작용적으로 소통해야 한다. 그러나 때로는 자녀를 왜곡된 관점으로 보거나 부모 자신의 가치관으로 자녀를 낙인찍기도 한다.

활동 5-3은 평소 자녀에 대한 부모 자신의 관점을 탐색한다. 자녀를 있는 그대로 바라봐주고 인정하고 수용해주면 좋지만 그것은 쉽지 않다. 또한 자녀를 바라보는 관점에 옳고 그른 것은 없다. 단지 부모 자신이 현재 자녀를 어떻게 보고있느냐 하는 것이다.

TIP 이렇게 해요 [부모 눈에 비친 자녀 모습]

[부모 눈에 비친 자녀 모습]은 부모로서 바라보는 자녀의 모습에 대해 알아봅니다. 자녀를 있는 그대로 보고 있다고 생각하지만 사실은 그렇지 않습니다. 이번 활동은 현재 내 눈에 비친 자녀의 모습을 솔직하게 표현해 보는 데 의의가 있습니다.

1. [활동지 5-3]에 적었던 자녀의 성별, 나이를 적으세요.
2. 그림에 나오는 모습을 자녀라고 생각하고 평소 자녀에 대한 나의 생각, 느낌 등을 적으세요. 생각이나 느낌은 긍정적, 부정적인 것을 모두 적어도 돼요. 또 필요하다면 말풍선은 더 추가해서 작성하세요(예: 머리를 자주 안 감으려고 해서 깨끗하지 못한 편임, 손재주가 좋아 만들기를 잘함, 마음이 착함, 귀여움, 덜렁댐 등).

부모 눈에 비친 자녀 모습

▶ 다음 이미지를 나의 자녀라고 생각하고 평소 자녀에 대한 나의 생각을 표현해 봅시다. 자녀의 외모, 성격, 성향, 말투, 행동, 능력 등에 대해서 자유롭게 적어보세요.

자녀의 성별 :

자녀의 나이 :

부모가 표현한 자녀의 모습을 보니 어떠한가? 날개 달린 천사나 뿔 두 개 달린 악마처럼 표현할 수도 있다. 그러나 자녀의 어떤 모습이든 좋고 나쁘다고 판단할 수는 없다. 표현된 자녀의 모습은 단지 현재 자녀를 바라보는 부모 자신의 관점일 뿐이다. 여기에서 더 중요한 것은 부모가 왜 이런 관점으로 자녀를 바라보게 되었냐는 것이다.

부모 자신도 자신의 부모나 주요한 인물의 가치관이 부모 자신의 중요한 가치로 자리 잡을 수밖에 없다. 그뿐 아니라 현재 부모 자신을 둘러싼 환경의 영향도 크다. 예를 들면, 자녀의 성적을 신경쓰는 옆집 엄마, 목표지향적인 담임 선생님, 운동도 잘하지만 악기도 잘하는 조카 등등이다. 무수하게 부모의 가치관을 뒤흔드는 요인들이 있다. 부모 자신에 비친 자녀의 모습은 어떻게 만들어진 것일까?

TIP 이렇게 해요 [부모와 자녀를 둘러싼 세계]

[부모와 자녀를 둘러싼 세계]는 [부모 눈에 비친 자녀 모습]에서 살펴본 자녀를 바라보는 관점에 영향을 미친 다양한 요인을 탐색해 봄으로써 부모로서 나를 둘러싸고 있던 관점을 객관적으로 인식할 수 있도록 합니다. 이를 통해 자녀를 바라보는 나의 부정적 관점에서 벗어나서 자녀를 있는 그대로의 모습으로 인정하고 수용할 수 있도록 합니다.

- 표 안에 제시되어 있는 예를 참고하여 자녀에 대한 관점에 영향을 준 요인에 대해 생각해보세요. 다양한 측면에서 나의 관점에 영향을 준 구체적인 내용을 적으세요.

활동지 5-4

부모와 자녀를 둘러싼 세계

▶ 자녀를 바라보는 부모의 관점에 영향을 주는 요인을 적어보세요.

부모 자신의 부모 및 주요 인물	부모 자신의 학창시절

부모 자신의 가치관	부모 자신을 둘러싼 환경

내 눈에 비친 자녀의 모습은 그냥 만들어진 것이 아니다. 활동지 5-4의 다양한 요인에는 빈칸이 있을 수도 있고, 중복되는 내용이 있을 수도 있다. 작성한 내용 중 어느 하나의 요인이라고 꼬집기는 어렵다. 그만큼 다양한 요인이 복잡하게 얽혀있다. 그렇기 때문에 부모는 자녀와 갈등이 생기면 마음이 말로 설명하기 어려울 정도로 복잡하면서 불편한 감정만 올라오게 된다.

이에 자녀를 바라보는 부모의 관점에 대해 구체적으로 살펴본 후 부모 자신에 대해 새롭게 알게 되었거나 잘못 알고 있었던 것은 없는지, 부모 자신의 고정되고 일방적인 관점으로 본 것은 아닌지, 부모 자신의 가치관보다는 주변의 영향으로 자녀를 바라보고 있는 것은 아닌지를 부모 자신의 관점과 부모-자녀 관계에 대해 다시 한 번 생각해 보자.

TIP 이렇게 해요 [나와 너를 그려본다면]

[부모 눈에 비친 자녀모습]과 [부모와 자녀를 둘러싼 세계]에서 자녀를 바라보는 부모의 관점에 대해서 알아보았습니다. 이제 **[나와 너를 그려본다면]**은 부모가 생각하는 자녀의 모습, 자녀가 생각하는 부모의 모습을 동물로 표현해 보고, 이를 통해 부모와 자녀의 관계를 살펴 봅니다.

1. 활동 ①에 부모와 자녀의 모습을 동물로 표현하세요. 구체적인 행동, 표정을 그림이나 글로 적으세요(예: 화난 호랑이, 순한 양, 조용한 토끼 등).
2. 활동 ②는 활동 ①에서 표현한 이유에 대해서 구체적으로 적으세요(예: 매일 큰소리를 많이 쳐서, 조용한 듯 있지만 자신이 할 일은 빠르게 해서 등).

나와 너를 그려본다면

❶ 나와 자녀의 모습을 동물로 표현해 보세요.

나	자녀

❷ 위와 같이 표현한 이유를 적어보세요.

나	자녀

우리는 관계를 인식할 때 자기중심적으로 바라보기도 하며, 비합리적인 관점으로 상대방을 인식할 때도 있다. 부모-자녀 관계에서도 마찬가지다. 먼저, 자녀의 모습을 어떻게 표현했는지 보자. 표현된 동물은 부모가 느끼는 자녀의 이미지이고, 두 동물의 관계는 부모와 자녀의 관계를 표현한 것이다. 부모는 자녀에 대한 관점과 자신이 표현한 자녀의 모습을 본 느낌에 대해 점검해 봐야 한다. 특히, 자녀를 표현한 동물 모습은 활동 5-2에서 부모-자녀 갈등의 원인, 유지, 강화시킨 요인과 활동 5-3에서 찾은 영향을 생각해 보면 그 이유를 알 수 있다.

이제 자녀의 반전 매력을 찾아보자. 지금까지 부모의 일방적인 관점에서 벗어나 자녀의 새로운 모습을 찾아보자.

TIP 이렇게 해요 [반전 매력을 찾아라]

[반전 매력을 찾아라]는 자녀에 대한 새로운 관점을 가지는 활동입니다. 지금까지는 다양한 이유로 부모로서 나만의 관점으로 자녀를 바라봤다면 이제부터는 자녀의 본래 모습을 찾고 수용해 봅시다.

1. 활동 ①은 [활동지 5-3]에서 표현한 자녀의 모습을 다시 보세요. 부정적인 내용은 긍정적으로 바꾸거나, 새롭게 알게 된 것 등을 적어보세요(예: 산만하다 → 다양한 분야에 관심이 많다, 조용하다 →생각이 많다 등).
2. 활동 ②는 [활동지 5-5]에 표현한 자녀의 모습을 새롭게 표현해 보세요(예: 미련한 곰 → 듬직한 곰).
3. 활동 ③에서 표현된 자녀의 모습을 바꿨다면 구체적인 이유를 적어보세요(예: 미련해서 행동이 느리다고 생각했으나, 그렇게 보는 이유를 알고 나서 다시 보니 듬직하게 느껴졌음 등).

반전 매력을 찾아라

❶ 활동지 5-3에 표현한 자녀의 모습 중 반전 매력을 찾아 적어보세요.

자녀의 성별 :

자녀의 나이 :

❷ 위의 자녀를 동물로 표현해 보세요. 활동지 5-5와 다르게 표현되었다면 그 이유도 적어보세요.

자녀의 새로운 모습이 눈에 보이는가? 이 모습은 자녀에게 없던 모습이 아니다. 원래 가지고 있던 모습이지만 우리의 눈에 보이지 않았을 뿐이다. 또는 보이기도 했지만 인정하고 싶지 않은 모습이기도 했다. 컴퓨터 게임에 빠져있던 자녀의 모습에서 자신이 좋아하는 일에 집중하는 모습을 발견했다면 그 모습을 긍정적인 방향으로 강화시켜주면 된다. 학교에 지각하지 않게 시간을 잘 지켜서 가는 자녀가 있다면 규칙과 약속의 중요성을 잘 알고 있는 자녀에게 칭찬해줘야 한다. 당연하다고 생각하는 것들이 당연한 것이 아니라 그 자녀의 강점이 될 수 있다.

자녀의 반전 매력을 찾았다면 그건 부모의 강점이다. 누구나 숨겨진 매력을 찾을 수 있는 것은 아니다. 부모가 자녀의 숨겨진 매력을 찾았다면 그만큼 자녀에 대한 사랑과 관심이 있다는 증거다. 자녀를 사랑하는 부모의 마음을 인정해주고 칭찬해줘야 한다.

이제 한 걸음 더 나아가 과거 자녀와 함께 했던 시간 중에서 새롭게 만날 장면을 찾아보자. 우리는 부모이긴 하지만 부모 노릇을 처음 해 보는 초짜다. 자녀 나이가 곧 부모 나이다. 그만큼 서투르고 어색할 수밖에 없고, 부모가 하는 실수는 초보이기에 당연하다. 이제 부모의 눈이 달라졌으니 과거의 갈등상황을 새롭게 만날 수 있다. 갈등은 반복적인 모습으로 드러난다. 다음의 활동은 앞으로 부모와 자녀의 갈등을 최소화할 수 있는 예방접종을 맞는 일이 될 것이다.

TIP 이렇게 해요 [나의 깜장 썬구리를 벗고]

[나의 깜장 썬구리를 벗고]는 부모와 자녀와의 관계를 새롭게 인식한 후, 과거의 갈등상황을 새롭게 인식해봄으로써 부모로서의 관점을 재인식하는 활동입니다.

1. 먼저 자녀와의 갈등 장면 하나를 생각하세요. 없다면 [활동지 5-2]의 내용을 다시 보세요.
2. [썬구리를 벗기 전에]는 갈등 장면에 관한 내용을 구체적으로 적은 후, [썬구리를 벗은 후에]는 그 장면을 새롭게 구성해 보세요.
3. 활동지를 완성한 후 새로운 관점에서 장면을 재구성할 수 있었던 부모로서의 강점을 찾아보세요.

나의 깜장 썬구리를 벗고

▶ 자녀와 다시 만나고 싶은 장면이 있다면 타임머신을 타고 그곳으로 가 봅시다. 그 장면을 새롭게 구성해 보세요.

구분	썬구리 벗기 전	썬구리 벗은 후
언제		
어디서		
무엇을		
어떻게		

<table>
<tr><td rowspan="5">내가
어떻게
했나</td><td>표정</td><td></td><td></td></tr>
<tr><td>말투</td><td></td><td></td></tr>
<tr><td>행동</td><td></td><td></td></tr>
<tr><td>인식</td><td></td><td></td></tr>
<tr><td>감정</td><td></td><td></td></tr>
</table>

우리는 종종 감정에 이끌려서 상황을 제대로 보지 못하는 경우가 있다. 자녀와 만나는 장면도 그럴 것이다. 자녀에 대한 비합리적인 생각은 자녀의 긍정적인 면을 보지 못하게 만드는 역할을 한다.

새롭게 자녀를 만나니 어떤가? 한 번에 모든 시선이 확 바뀔 수는 없다. 오랫동안 습관처럼 굳어진 부분이기 때문이다. 그러니 그만큼 오랫동안 노력이 필요하기도 하다. 그럼에도 불구하고 내 자녀를 새롭게 볼 수 있다는 것은 대단한 일이다.

마지막으로, 부모와 자녀의 관계를 더욱 튼튼히 할 수 있는 나만의 '부모-자녀' 관계 디딤돌을 만들어보자. 부모가 모두 다르듯 자녀도 모두 다르다. 지금까지 과정을 통해 내가 부모로서 자녀에게 할 수 있는 방법을 찾아보자.

TIP 이렇게 해요 [나만의 관계 레시피]

[나만의 관계 레시피]는 부모-자녀 사이에서 자녀와 좋은 관계를 유지하며 부모로서 자녀를 코칭할 수 있는 자신만의 방법을 찾아봅니다. 이 방법은 나의 자녀 사이의 관계 특성에 바탕을 둔 것으로 나만의 관계 레시피가 될 것입니다.

1. 지금까지 살펴본 부모-자녀의 관계를 떠올려 보세요. 그동안 부정적인 관계에서 보였던 서로의 모습과 긍정적인 관계에서 다시 만난 서로를 생각하면서 부모로서 내 자녀를 코칭할 수 있는 방법을 정리해 보세요.
2. 브레인스토밍이나 마인드 맵을 활용하여 생각나는 대로 나만의 방법을 무작위로 먼저 적으세요.
3. 적은 내용을 바탕으로 자신만의 단계를 설정하고, 각 단계에 이름을 붙인 후, 구체적인 내용이나 그 단계에 대한 설명을 적으세요. 단, 반드시 step 5까지 적지 않고, 자신에게 필요한 만큼만 적으세요.

[나만의 관계 레시피]

step 1. [이야기를 할 때 얼굴을 마주 본다]
얼굴을 마주하지 않고 한 이야기를 서로 기억을 잘 못해서 문제가 생기므로

step 2. [먼저, 하고 싶은 이야기를 물어본다]
늘, 내가 말을 먼저 하거나 많이 해서 자녀에게 말할 기회를 적게 줘서 답답해해서

step 3. [자녀의 말에 대한 내 생각과 느낌을 표현한다]
지금까지 감정이나 느낌은 표현하지 않고 생각만 이야기하니, 자기의 생각을 반박한다고 생각해서 서로 오해가 생기고 더 딱딱한 관계가 돼서 나의 감정을 표현함.

step 4. [내 말에 대한 자녀의 생각과 느낌을 물어본다]
일방적으로 내 이야기만 듣고 따르기를 원했지만, 정말 가능하다면 자녀가 원하는 것을 해 주고 싶다는 이야기를 하며, 내가 이야기한 것에 대해 물어봄.

step 5. [자녀가 선택할 수 있도록 기회를 준다]
자녀의 이야기 중에 내가 수용할 수 있는 두세 가지를 제안하고 자녀가 선택하도록 함.

나만의 관계 레시피

▶ 나와 자녀의 관계를 새롭게 만들 수 있는 나만의 방법을 적어보고, 실천할 수 있도록 구체적인 계획을 세워보세요.

1 step

2 step

3 step

4 step

5 step

이제 자녀와 새로운 관계를 형성하기 위해 한 발 더 내딛었다. 자녀는 부모와 독립된 하나의 존재이다. 부모와 자녀는 각자 자신의 생각과 정서를 구분할 수 있어야 하며, 심리적으로 분리되어야 한다. 부모와 자녀가 심리적으로 분리되어 있지 않으면 다른 인간관계에서도 자신의 주체성과 자율성을 유지하는 것은 불가능하다. 또한 부모의 고정된 시선으로 자녀를 바라보게 되면 자녀의 더 많은 잠재력과 긍정적인 능력을 발휘할 기회를 잃어버릴 수 있어 건강하게 성장하는 것을 방해하게 된다. 부모-자녀의 관계를 새롭게 바라볼 수 있는 힘을 얻어서 앞으로도 많은 시행착오를 거치겠지만 한 걸음, 한 걸음 나아가면 '친구 같은 부모-자녀' 관계를 유지할 수 있을 것이다.

TIP 이렇게 해요 [아하, 새롭게 보이는 우리 아이]

[아하, 새롭게 보이는 우리 아이]는 학습한 내용을 일상생활에 적용하는 과정으로 스스로가 코치가 되어 자녀를 새로운 관점에서 바라보도록 합니다. 습관은 오랫동안 형성된 나의 모습으로 수정하는 게 쉽지 않다는 것을 스스로 인정하고, 작고 사소하지만 매일 하나씩 찾도록 해 봅니다.

[나와 자녀, 다르게 보기]

신발을 가지런히 벗는 모습, 책상 정리를 잘 하는 모습, 편식하지 않는 것, 야채를 잘 먹는 것, 아침에 스스로 일어나는 것, 학원에 빠지지 않고 가는 것, 지각하지 않는 것, 형제 간에 사이좋게 노는 것, 자신감이 있는 것, 노래를 잘 부르는 것, 샤워를 혼자 하는 것, 양보 잘 하는 것, 인사 잘 하는 것, 과제를 열심히 하는 것, 책 읽기를 잘 하는 것, 엄마나 아빠를 돕는 것, 약속을 잘 지키는 것 등

아하, 새롭게 보이는 우리 자녀

'내리사랑은 있어도 치사랑은 없다'는 속담이 있다. 이는 윗사람이 아랫사람을 사랑하기는 해도 아랫사람이 윗사람을 사랑하기는 좀처럼 어렵다는 뜻이다. 이때 '내리사랑'은 자식에 대한 부모의 사랑을 이를 때 사용되기도 한다. 속담에서 표현된 '부모-자녀' 관계는 부모는 주지만 자녀는 받은 만큼 돌려주지 못하고, 자신의 자녀에게 다시 주게 된다는 것이다.

그러나 때로는 부모가 사랑이라고 생각하고 자녀에게 주는 사랑에는 독이 들어 있기도 하다. 그중의 하나가 부모가 자신만의 고정된 틀에 얽매여 자녀를 바라보는 것이다. 부모-자녀 관계에서 갈등이 반복적으로 생기고, 해결의 실마리를 찾기 어렵다면 자녀를 바라보는 관점에 대해 생각해봐야 한다. 그럴 경우, 부모가 자녀를 바라보는 관점의 변화 없이는 부모-자녀 관계를 개선하기 어렵고, 더 이상 자녀를 있는 그대로 수용하기 어렵다.

관점의 변화는 눈에서 콩깍지가 벗겨지는 것처럼 자녀를 새롭게 바라보는 것이고 이것은 부모-자녀 관계 전반에 새로운 변화를 불러온다. 그러나 '관점의 변화'는 말처럼 쉽지 않다. 어떻게 해야 할까? 관점의 변화는 사소한 관심에서 시작된다. 예를 들면, 자녀에게 사용하는 나의 말투, 자주 사용하는 부정적인 단어, 가장 싫어하는 행동이 무엇인지 점검할 필요가 있다. 거기에는 부모가 자녀를 바라보는 관점이 녹아있고, 그렇게 보게 되는 이유가 숨어 있다.

병에 걸린 몸을 치료하기 위해서는 의사가 처방한 약을 지속적으로 먹어야 하는 것처럼 부모 자신이 변화하려면 지속적으로 노력해야 한다. 부모가 먼저 변하면 자녀의 변화는 오히려 쉽다. 가치와 관점을 갑작스레 변화시키려고 하면 지금까지의 부모-자녀 관계에 역효과가 나타날 수 있고, 기대만큼 쉽게 변하지 않는 자녀를 보며 부모는 실망하고 부모 자신의 시도와 노력에 대해 평가절하하게 된다. 따라서 부모 자신은 물론 부모-자녀 관계의 변화까지는 오랜 시간이 걸린다는 것을 스스로 인정해야 한다.

이제 관점의 변화를 맞이할 준비가 되었다면, 자녀의 작고 사소하지만 긍정적인 모습을 찾아보도록 하자. 부모는 자녀의 긍정적인 모습을 증가시키기 위해 칭찬을 한다. 한 가지 예를 생각해 보자. 학교성적은 낮지만 지각이나 결석을 하지 않는 자녀의 부모라면 자녀에게 어떤 이야기를 해 줄 수 있을까? 아마도 대부분의 부모는 낮은 학교성적에 초점을 두고, 지각이나 결석을 하지 않는 것을 당연하게 생각할 수 있다. 그러나 이제 관점의 변화를 맞이한 부모라면 근면성실한 자녀의 모습에 먼저 관심이 갈 것이다. 진심으로 자녀의 근면성실함을 인정하고 학교나 가정에서 자녀의 모습을 새롭게 발견하고 강점으로 살려준다면 그 강점이 자녀가 건강하게 성장하는 데 밑거름이 될 것이다. 그런데 만약, 낮은 학교성적에만 초점을 둔다면 자녀는 '공부를 못하는 학생'일 뿐이다.

관점의 변화는 어렵다. 그리고 지속적으로 노력해야 한다. 그렇다고 불가능하지는 않다. 오늘부터 하루에 한 가지씩 찾아보자. 작고 사소한 것이 변화의 출발점이다. 그렇기 때문에 할 수 있다.

과제 아하, 새롭게 보이는 우리 자녀

▶ 한 주 동안 새롭게 보게 된 자녀의 모습 적어보세요.

날짜	before	after
/		
/		
/		
/		
/		
/		
/		

Small Big! 작지만 큰 변화

구분	내용	
M 목표설정	▶ [Chapter 5]에서 세운 목표는?	
I 현실점검	▶ 지금까지의 나의 모습은?	
N 대안탐색	▶ 오늘 새롭게 알게 된 것은?	
D 실행계획	▶ 앞으로 되고 싶은 부모로서의 나의 모습은?	
평가	▶ **[Chapter 5]**에 대한 평가	낮음 ----- 높음
	• 자녀를 바라보는 내 관점에 변화가 얼마나 일어났는가?	① ② ③ ④ ⑤
	• 자녀의 긍정적인 모습을 발견했는가?	① ② ③ ④ ⑤
	• 부모로서 나의 긍정적인 모습을 발견했는가?	① ② ③ ④ ⑤

CHAPTER 6

심통심통(心痛心通) 대화법

내가 하는 말에는 정반대되는 두 가지의 힘,
즉 아이를 강하게 키우는 힘과
아이의 마음에 상처를 내는 힘이 동시에 존재한다.
대화를 변화시킬 수 있는 힘은 바로 나 자신에게 있다.

폴 액스텔「아이와 대화하고 있나요?」

사람은 혼자서는 살아갈 수가 없다. 서로 다른 사람들과 어울려 살아가는 삶 속에서 의사소통, 즉 대화는 관계를 이루어 나가는 데 매우 중요한 도구이다. 우리는 대화를 통해 다양한 정보, 서로의 가치관 등을 주고받을 뿐 아니라 감정을 나누기도 한다. 또한 상대방과의 대화 유무, 정도, 내용, 방식에 따라 사회적 관계 정도나 특성을 이해하거나 판단할 수 있다. 때문에 만족스러운 대인관계를 위해서는 효과적인 의사소통 방법을 아는 것이 중요하다.

특히 부모-자녀와의 의사소통은 매우 중요하다. 가족은 사회적 관계 속에서 가장 기본적인 단위이다. 자녀들은 가정에서 부모로부터 세상이나 다른 사람들과 소통하는 법을 배운다. 부모-자녀 사이에서의 소통의 어려움과 부정적 경험은 타인과의 소통에도 영향을 미친다.

우리는 부모-자녀 간 의사소통을 통해 서로의 관계에 대해 이해할 수 있다. 부모-자녀 간의 대화 내용은 부모-자녀 간의 관계 수준이나 질을 상징적으로 나타낸다. 부모-자녀 간에 대화가 없고 혹 있다고 하더라도 부모가 자녀에게 일방적으로 주입하는 대화의 수준이라면 부모-자녀의 관계도 서로 피상적으로 소통하는 관계이든지 아니면 부모중심의 관계일 것이다. 반면 부모-자녀의 대화가 활발하고 개방적이고 심도 있는 이야기들을 주고받을 수 있다면 부모-자녀의 관계도 아주 돈독하고 친밀한 관계일 것이다. 이처럼 부모-자녀 간의 대화와 부모-자녀 관계는 밀접하게 연관되어 있다.

그러나 이런 부모-자녀 대화의 중요성에도 불구하고, 소통은 쉽지가 않다. 이러한 이유는 첫째, 의사소통기술을 제대로 배우지 못했거나, 배웠다 하더라도 이를 생활에서 적용하기가 어렵기 때문이다. 둘째, 관계적 문제가 발생하면 이 문제를 해결하는 데 급급하다보니 근원적인 이해를 바탕으로 한 소통방법 없이 임기응변에 그치는 악순환이 계속되기 때문이다.

이제 나와 자녀와의 대화에 대해 떠올려보자. 관심을 갖고 관찰해 보면, 곧 나와 자녀 사이의 대화가 어떤 특징을 갖고 있는지 알 수 있다. 입에 붙어서 별 생각 없이 하는 부정적인 표현들이 있을 수도 있고, 내가 가진 대화에서의 긍정적인 자원들을 알 수도 있다. 이를 통해 현재 나와 자녀와의 대화의 특성을 알아차리고, 보다 바람직한 방향으로 변화를 주기로 결심하는 것이 중요하다. 지금 당장 변화를 느끼지 못하더라도, 부모가 일방적인 전달에서 벗어나 말과 태도에 주의를 기울이고 자녀와의 소통을 위해 노력한다면 마음이 통하는 대화를 할 기회가 늘어날 것이다.

자녀와의 대화 실타래

▶ 최근 자녀와의 대화를 떠올려 보고, 아래의 질문에 답해보세요.

자녀와의 대화	엉키고 꼬여요	잘 풀려요
주제와 상황은?		
누가 더 이야기를 많이 하나요?		
꼬이거나 풀린 이유는?		
어렵거나 힘든 점은?		
대화를 지속하기 위한 나의 강점은?		

마음이 통하는 심통심통 대화법 이란?

부모는 자녀를 양육하면서 많은 대화를 한다. 마음이 통하는 대화란 자신의 경험을 잘 표현할 수 있고 상대의 경험을 잘 이해할 수 있는 대화이다. 대화는 주고받는 것으로 나의 뜻만 전달하는 것이 아니라 자녀의 감정과 관심을 순간순간 확인하는 상호작용이다. 하지만, 상당수의 부모가 자녀와의 대화를 어려워한다. 자녀와의 대화가 어려운 이유는 부모가 하고자 하는 말을 제대로 전달하는 방법을 모르기 때문이다. 또한 자녀와의 효율적인 대화방법을 배웠더라도 막상 갈등이 생기면 배운 내용이 기억나지 않거나, 감정이 앞서 배운 것을 적용하기 어렵다.

그러나 심통심통 대화법은 자녀에 대해 편견이나 판단, 가르침의 목적 없이 있는 그대로 들어줌을 통해 감정을 덜어주어 자녀가 부모의 말에 귀 기울일 수 있는 마음의 공간을 만들어 준다. 자녀의 대화습관은 부모와의 생활 속에서 몸으로 배운다. 자녀가 자신의 이야기를 스스럼없이 하기 원하면 부모도 자신의 이야기를 자녀에게 거리낌 없이 할 필요가 있다. 이런 과정은 저절로 되는 것이 아니라 적극적으로 노력하고 연습함으로써 가능하다.

이제 부모-자녀 간의 마음과 마음을 온전히 전달할 수 있는 심통심통 대화법에 대해 알아보자.

심통심통(心痛心通) 대화법	
보고 듣기	1. 있는 그대로 들어주자: 반영과 인정 2. 감정을 덜어주자: 공감하기
말하기	1. 마음을 나누는 말 2. 가르침의 말 3. 힘을 주는 말: 칭찬과 격려

귀 쫑긋~ 들어보세요!

▶ 뉴스를 들으면서 아래의 내용과 비교해 기자의 말과 다른 부분의 단어에 체크하고, 다른 단어의 개수를 적어보세요. * 다른 단어 개수 : (　　　　)개

오늘도 따뜻한 옷차림 해주셔야겠습니다.

현재 서울에 온도가 8.9도까지 떨어졌는데요.

기온이 크게 낮은 강원 산간과 일부 중북부 내륙에는 서리가 내리고 얼음이 어는 가능성이 있습니다. 농작물 관리에 유의하셔야합니다.

한낮에도 서울에 기온이 18도에 머물면서 예년 기온을 2도가량 밑돌겠구요, 여기에 찬바람까지 강하게 불면서 체감온도는 더욱 낮겠습니다.

이번 추위는 내일 오후에 평년 기온을 회복하면서 차츰 풀릴 걸로 예상됩니다.

충청 이남 곳곳에 내리던 비는 거의 잦아들었습니다

이 지역에는 아침까지 산발적으로 빗방울 정도만 떨어지겠습니다.

오늘 저기압의 영향을 점차 받아서 전국에서 차츰 맑은 하늘 드러나겠습니다.

현재 기온 어제 같은 시각과 비슷한 수준인데요, 현재 서울의 기온이 8.9도, 청주는 10.5도, 광주 12도, 창원은 11.6도를 보이고 있습니다.

낮기온은 어제보다는 1도에서 5도가량 높지만 여전히 예년기온을 밑돌겠는데요, 서울에 한낮 기온은 18도, 춘천도 18도, 강릉 20도, 대구 19도에 머물겠습니다.

주말부터는 예년 가을 날씨를 보이겠습니다.

지금까지 날씨정보였습니다.

[기사출처: https://youtu.be/vTilvRdZxbE]

심통심통 대화법 – 보고 듣기: 들어주자, 덜어주자

심통심통 대화법에서 첫 번째 단계는 '보고 듣기'이다. 보고 듣기를 먼저 배우는 이유는 무엇일까? 우리가 언어를 배울 때, 처음부터 소리를 내고 말을 하지 않는다. 침묵의 시간 가운데 주변의 무수한 소리를 듣고 무엇을 말해야 할지를 배운다. 그러나 있는 그대로 잘 듣기란 쉽지 않다. 부모가 자녀의 말을 있는 그대로 듣기 어려운 이유는 자녀의 마음이나 의견을 이해하기 위해 듣기보다 자녀를 가르치거나 변화시키기 위한 목적으로 듣기 때문이다. 이런 목적을 잠시 내려놓고 자녀의 말을 있는 그대로 들어주기만 해도 자녀와의 관계에 많은 변화가 일어날 수 있다.

있는 그대로 보고 듣기

있는 그대로 보고 듣기가 가능하려면 부모 자신의 생각과 감정을 내려놓고 집중하여 자녀의 메시지를 보고 들어야 한다.

우리는 오목거울로 비추어 상대방의 말을 축소하거나, 자르고, 생략하거나 볼록거울이 되어서 과장할 수 있다. 그러나 이런 거울은 효과적인 대화를 위해 요구되는 정확성과 안전감을 제공해 주지 못한다. 그렇기 때문에 자녀의 말을 좋다, 싫다 판단하거나, 고쳐주려 하거나, 내 뜻대로 부연설명을 붙이지 않고 그대로 보고 듣는 연습이 필요하다.

TIP 이렇게 말해 보아요

"엄마가 너의 말을 맞게 들었다면, 넌 ______________ 라는 말이지? 엄마가 제대로 들었니?"

아이: (밥을 먹다가 갑자기 입을 삐죽거리며 짜증을 내며) 엄마는 약속해 놓고 맨날 안 지켜.

[있는 그대로 보고 듣기]

엄마: 지금 네가 한 말은, 엄마가 너와 약속을 하고서 맨날 안 지킨다는 거지? 엄마가 네 말을 제대로 들었니?

부모는 자녀와 대화하면서 특히 그것이 부모 자신에게 부담스러운 말이라면 '오래된 뇌'의 작용에 의해 그 메시지에 즉각 반응(혹은 반발, 반박)하게 된다. 부모가 평소 반응에서 벗어나, 있는 그대로 보고 들으면 자녀는 보다 편안하게 말할 수 있다.

이를 위해서 의사소통에는 항상 두 가지의 다른 관점이 존재할 수 있고, 각자의 입장과 생각이 다를 수 있음을 인정하는 것이 필요하다. 인정하기는 부모의 주관적 관점을 일시정지하고 자녀의 경험을 마치 부모 자신의 경험처럼 느끼는 것을 의미한다. 만약 자녀의 메시지를 온전히 이해할 수 없다면 이에 대해 좀 더 자세히 말해 달라고 요청해야 한다.

TIP 이렇게 말해 보아요

"내가 너의 말을 좀 더 잘 이해할 수 있도록 도와 줄 수 있겠니?"

아이: (밥을 먹다가 갑자기 입을 삐죽거리며 짜증을 내며) 엄마는 약속해 놓고 맨날 안 지켜.

[평소 반응]

엄마: 갑자기 밥 먹다 말고 무슨 소리야? 내가 언제 그렇게 약속을 안 지켰다고 그러니? 먹기 싫으면 들어가!

[있는 그대로 보고 듣기]

엄마: 엄마가 너의 말을 맞게 들었다면, 넌 엄마가 약속을 하고 맨날 안 지킨다는 거지?

[질문하기]

엄마: 그렇게만 말하니까 네 마음을 잘 모르겠어. 엄마가 너의 말을 잘 이해할 수 있도록 조금 더 자세하게 이야기해 줄래?

아이: 오늘은 내가 먹고 싶은 카레를 해 준다고 했으면서... 보세요. 미역국밖에 없잖아요.

[인정하기]

엄마: 응. 이제 이해가 된다. 엄마가 카레를 해 주기로 해 놓고, 미역국밖에 없어서 엄마가 약속을 지키지 않는다고 말을 했구나.

부모가 자녀와의 대화에서 충분히 이해하지 못한 부분을 질문하고, 이에 대해 자녀가 자신의 이야기를 보다 자세히 말할 수 있는 과정을 거친다. 그러면 자녀는 부모가 자신의 말에 관심을 기울이고 있음을 느끼고, 부모가 자신의 말에 대해 수용하고 인정하는 과정을 통해 이해받는 경험을 한다.

있는 그대로 보고 듣기

▶ '있는 그대로 보고 듣기'를 아래와 같은 순서로 연습해 보세요.

1. 두 사람씩 짝을 지어 말할 사람과 들을 사람을 정합니다.
2. 말을 하는 사람은 1분간 일상생활을 주제로 이야기를 시작합니다.
   단, 듣는 사람이 있는 그대로 보고 들은 내용을 따라 말할 수 있도록 너무 길지 않게 말합니다.
3. 듣는 사람은 말하는 사람의 이야기를 있는 그대로 따라 말하고, 질문하고, 인정하기를 해 봅니다.
4. 역할을 바꿔서 진행해 봅니다.
5. 서로의 느낌을 나누어 봅니다.

• 대화주제

• 있는 그대로 보고 듣기

• 질문하기

• 인정하기

감정 덜어주기

더 깊이 있게 듣기 위한 단계는 자녀의 감정을 함께 느끼며 듣고 공감하는 단계이다. 공감하여 듣기는 자녀가 경험하는 그 사건, 그 상황, 자녀가 염려하는 것을 자녀의 입장에서 느껴보고 감정을 반영하는 과정이다.

자녀의 감정을 함께 느끼며 듣기 위해서는 무엇보다도 얼굴표정에서 드러나는 다양한 감정의 표현들을 읽을 수 있도록 연습해야 한다. 부모의 입장에서 자녀의 행동에 초점을 맞춰 잘잘못을 판단하기에 앞서 자녀의 입장과 감정을 살펴보려는 노력이 필요하다. 부모는 자녀가 강한 감정을 표현하는 순간을 포착하여 자녀가 자신의 감정과 대화 내용을 연결할 수 있도록 돕는다. 이러한 부모의 도움은 자녀의 스트레스를 낮추고, 대화를 나눌 수 있는 마음의 공간을 만들어 주어 자녀가 자신의 감정을 스스로 표현할 수 있도록 한다.

그러나 부모가 자녀의 감정을 반영하는 과정에서 잘못 추측했다고 하더라도 그것이 잘못은 아니다. 자녀가 "속상한 것은 아니에요"라고 말한다면 부모는 그 대답에 대해 다시 비추어주면 된다. 또한 자녀의 감정을 알아차리기 어려울 때는 "기분이 어떠니?" 등과 같은 질문을 통해서 부모가 자녀의 감정을 단정 짓지 말고, 자녀가 스스로 자신의 감정을 살펴볼 수 있도록 도와야 한다.

이처럼 부모는 자녀가 하는 이야기의 내용뿐만 아니라 자녀의 감정까지도 들어주고 덜어줘야 한다. 처음에는 부모-자녀 모두 감정을 반영하고 표현하는 것이 어려울 수 있으나, 상대방이 자기감정을 읽어주고 자기편이 되었다고 생각할 때, 안정감을 느끼고 더 솔직하게 감정을 표현할 수 있다.

TIP 이렇게 말해 보아요

"엄마가 ______________ 했을 때 네가 ______________ 느꼈을 것 같아."
"너의 기분이 ____________________________ 했을 거라고 느껴지는구나."

아이: (밥을 먹다가 갑자기 입을 삐죽거리며 짜증을 내며) 엄마는 약속해 놓고 맨날 안 지켜.

[있는 그대로 보고 듣기]

엄마: 엄마가 너의 말을 맞게 들었다면, 넌 엄마가 약속을 하고 맨날 안 지킨다는 거지?

[질문하기]

엄마: 그렇게만 말하니까 네 마음을 잘 모르겠어. 엄마가 너의 말을 잘 이해 할 수 있도록 조금 더 자세하게 이야기해 줄래?

아이: 오늘은 내가 먹고 싶은 카레를 해 준다고 했으면서... 보세요. 미역국밖에 없잖아요.

[인정하기]

엄마: 응. 이제 이해가 된다. 엄마가 카레를 해 주기로 해 놓고, 미역국밖에 없어서 엄마가 약속을 지키지 않는다고 말을 했구나.

[감정 덜어주기]

아이: 카레가 꼭 먹고 싶었어요. 엄마가 미역국만 주니 밥도 먹기 싫었어요.

엄마: 그렇구나. 카레가 먹고 싶은데 엄마가 미역국만 줘서 속상했구나.

아이: 네. 엄마가 카레를 안 해줘서 짜증나고 속상했어요.

감정 덜어주기

‘감정 덜어주기’를 아래와 같은 순서로 연습해 보세요.

1. 두 사람씩 짝을 지어 말할 사람과 들을 사람을 정합니다.
2. 말을 하는 사람은 이번 주 느꼈던 감정(가장 기뻤던 일, 가장 슬펐던 일 등)을 주제로 이야기를 시작합니다.
3. 듣는 사람은 말하는 사람의 이야기를 있는 그대로 따라 말하고, 질문하고, 인정하고, 감정 덜어주기를 해 봅니다.
4. 역할을 바꿔서 진행해 봅니다.
5. 서로의 느낌을 나누어 봅니다.

• 대화주제

• 있는 그대로 보고 듣기

• 질문하기

• 인정하기

• 감정 덜어주기

심통심통 대화법 – 말하기: 마음 담아 말해보자

자녀의 말을 충분히 들어주고 감정을 덜어주면, 자녀 또한 부모의 말을 들을 마음의 공간이 준비된다. 앞서 말했듯 의사소통, 즉 대화는 어느 한쪽의 일방통행으로는 한계가 있다. 아무리 자녀의 말을 잘 듣고, 이해한다고 해도 부모가 자신의 마음을 제대로 표현하지 못한다면 자녀는 혼란을 겪을 수밖에 없다. 또한 자녀의 말을 들어줄 때, 아무리 공감하려 해도 부모가 제대로 된 감정을 인식하지 못한다면 그것은 진정한 의미에서의 공감이라고 보기 어렵다. 자녀의 감정을 읽어주려면 부모 자신이 먼저 다양한 감정을 인식하고 표현하는 연습이 필요하다.

다음의 활동을 통해 다양한 감정을 표현하는 단어들에 대해 생각해 보고, 감정표정을 통해 나는 어떨 때 이런 감정들을 느끼게 되었는지를 표현해 보자.

활동지 6-5

내 마음이 들리니??

❶ 감정을 나타내는 표현(단어)들을 생각나는 대로 최대한 많이 적어보세요.

❷ 위에 제시된 다양한 표정 중에서, 현재 나의 기분에 가장 잘 맞는 표정을 골라보고, 그 이유에 대해 적어보세요.

활동을 통해 어떤 것들을 느끼게 되었는가? 예상보다 감정을 느끼고 표현하는 것이 쉽지 않음을 알 수 있다. 처음에는 다소 어렵게 느껴지겠지만, 연습을 통해 부모가 느끼는 감정과 그 속에 담겨 있는 욕구(바람)를 살피고 표현할 수 있다. 부모가 자신의 욕구(바람)를 이해하여 자녀에게 부모 자신의 의사를 건강하게 말하는 방법에 대해 살펴보자.

말 속에 담긴 맘

부모는 자녀의 말을 듣고 반영, 인정, 공감해주는 것이 중요하지만, 부모 자신의 감정을 제대로 인식하고, 그 밑바탕에 있는 욕구(바람)를 제대로 자녀에게 전달하는 것 또한 중요하다. 그러기 위해서는 부모 자신의 느낌과 그 속에 담긴 욕구(바람)를 이해하는 '자기 공감'이 필요하다. 자기 공감이란 다양한 상황과 여건 속에서 스스로를 받아들이고, 자신의 느낌과 욕구를 알아차리는 것이라 할 수 있다. 부모가 자신의 욕구를 이해하고 인정하면, 그 속에서 진정으로 원하는 것을 얻는 데 도움을 받을 수 있다.

부모는 이전 활동들을 통해 자신이 느끼는 감정의 근원에는 과거의 다양한 기억과 경험들이 있다는 사실을 알게 되었다. 어떤 상황에 필요 이상으로 민감하게 반응한다면 부모 자신도 모르는 감정 속의 감정이 있을 가능성이 있다. 자신의 다양한 감정들에 대해 기억나는 단서들을 떠올려보고, 찾아보는 것도 감정을 표현하는 데 도움이 될 수 있다. 감정 속의 감정은 무의식중에 나타나기 때문에 이를 이해하려는 노력이 없이는 찾기가 어렵다.

자녀와의 대화 혹은 행동에서 부모 자신의 숨겨져 있는 진짜 감정과 욕구(바람)를 알아차린다면, 자녀를 탓하거나 벌하지 않고 제대로 의사표현을 할 수 있다. 또한 모든 문제를 해결할 수는 없지만, 자녀와의 관계 속에서 방법을 찾지 못할 때 상황을 받아들일 수 있도록 도움을 주어 자녀와의 신뢰와 유대감을 향상시킬 수 있다.

TIP 이렇게 말해 보아요

"엄마는 (자녀의 행동 · 사실에 대한 객관적 묘사) 하니, (받은 영향) 때문에 (느낌, 감정단어) 한 마음이 들어. 앞으로 (원하는 결과에 대한 부탁) 해주면 좋겠어."

1. 자기 공감을 통하여 내가 자녀에게 원하는 것이 무엇인지 생각해 본다.
2. 자녀의 행동과 상황, 그에 따른 영향과 결과를 구체적으로 말한다.
   (너를 주어로 하지 않으며, 자녀를 탓하지 않는다)
3. 이로 인해 내 안에 느껴지는 감정을 솔직하게 말한다.
4. 내가 진정으로 원하는 것이 무엇이었는지, 자녀가 해주기 바라는 것을 긍정적, 의문형으로 부탁한다(강요, 명령과 구별됨).

자녀가 학원에도 빠지고, 연락도 안 된 채 몇 시간 늦게 집에 들어온 상황

[자기 공감]

나의 느낌: 화가 난다. 왜냐하면 세상이 험한데 몇 시간 째 연락도 안 되기 때문에... 또한 걱정스럽기도 하다.

나의 욕구(바람): 나는 아이가 연락이 잘 되었으면 좋겠다.

엄마는 네가 연락 없이 학원에 안 가고 집에도 오지 않아서 2시간을 기다렸어. 그러다 보니 화가 나기도 하고 나중에는 걱정도 됐어. 엄마는 네가 학원을 안 갔다기에 집으로 빨리 올 줄 알았거든. 다음에는 미리 연락을 주거나, 엄마 전화를 잘 받아주면 좋겠어.

말 속에 담긴 맘

▶ 활동지 6-3의 대화를 주제로 연습해 보세요.

• 대화주제

• 자녀의 행동과 상황

• 자녀의 행동이 나에게 미친 영향과 결과

• 나의 느낌, 기분, 감정, 생각

• 나의 욕구(바람)

이럴 땐, 어떤 말?

부모는 자신의 솔직한 마음에 대한 표현뿐 아니라 자녀가 바른 성품과 행동을 가질 수 있도록 가르침을 줄 수 있어야 한다. 부모가 자녀에게 잔소리나 강요가 아닌 건강한 가르침의 말하기가 필요한 영역은 다음과 같다.

	자기관리	또래 및 대인관계	사회적 규범(도덕성)
주요 덕목	근면 절약 인내 정리정돈 자기물건 관리 시간관리 용모단정 및 청결/위생	시간 및 약속 지키기 우정 신의 예절 효/경로	정직 질서 책임감 공정 협동 봉사 준법

자녀에게 올바른 성품과 행동을 가르치기 위한 가르침의 대화를 할 때에는 자녀에게 가까이 다가가 단호하고 진지한 표정, 눈빛, 음성으로 말한다. 또한 부모는 자녀의 눈을 마주 보면서 자녀에게 바른 행동을 간결하고 명확하게, 그리고 직접적으로 말해야 한다.

TIP 이렇게 말해 보아요: 가르침의 말하기

1. 자녀의 행동을 규제할 필요가 있을 때는 '욕구(바람)'의 형식으로 말하지 않고, 구체적으로 표현한다.
2. 행동의 변화를 요구하는 동일한 말을 거듭 되풀이하거나 애걸하지 않는다.
3. 수를 세거나 빈 협박을 하지 않는다.
4. 진심으로 의도하지 않은 결과나 현실성이 없는 선택의 여지를 자녀에게 주지 않는 대신, 실제로 취할 행동을 말한다.
5. 서로 약속 또는 합의한 사항에 대해서는 회유적인 표현을 하지 말고 분명하고 단호하게 요구한다.

자녀가 10시에 자기로 한 부모와의 약속을 자주 어기고 밤늦게까지 TV를 보려 하는 경우,

[꾸중과 비난]

엄마: 너, 아직도 TV 앞에 앉아 있어?
아이: 엄마, 전 이 프로그램 끝까지 보고 싶어요.
엄마: 넌 정말 엄마 말을 어쩜 그렇게 안 듣니? 그저께도 늦게까지 봤잖아! 얼른 끄고 빨리 자러 들어가!
아이: 이것만 볼게요, 네?

엄마: 아니, 넌 엄마 말이 말 같지 않아? 늦게 자면 피곤해서 학교 가면 공부가 되니? 그러니 맨날 학교 성적이 그 모양이지! 지금 당장 들어가!

[단호하지 못하고 불명확한 의사전달]

엄마: ○○아, 이제 자러 들어가야 할 시간인 것 같네.
아이: 엄마, 전 이 프로그램 끝까지 보고 싶어요.
엄마: 우리가 정한 규칙을 네가 지키지 않아서 엄마는 정말 화가 나려고 해. 다 널 위해서 하는 소리야. 이 프로그램이 너한테 무슨 도움이 되니? 수업 잘 들으려면 충분히 잠을 자야 하잖아.
아이: 엄마, 내일은 토요일이잖아요. 내일은 일찍 잘게요. 오늘만요. 네?
엄마: 에휴.. 도대체 난 정말 모르겠다. 엄마는 너 키우기 너무 힘들어. 그냥 네 마음대로 하렴.

[단호하고 분명한 의사전달]

엄마: ○○아, 지금 10시 15분이야. 10시엔 자러 들어가기로 약속했잖아. 이제 방으로 들어가거라.
아이: 엄마, 전 이 프로그램 끝까지 보고 싶어요.
엄마: 보고 있던 걸 두고 중간에 자러 가기 싫은 기분 잘 안다. 그렇지만 약속은 약속이니까 들어가서 자거라.
아이: 이것만 볼게요, 네?
엄마: 좀 더 보고 싶은 마음은 잘 알겠지만, 잘 시간이니까 어서 들어가거라.

자녀의 연령이 높아질수록 자녀에게 올바른 가치나 규범, 성품, 행동을 가르칠 때, 단순히 명령하는 것만으로는 어렵다. 자녀의 상황과 형편을 고려하지 않은 일방적인 명령은 반발심만을 낳는다. 자녀의 행동을 변화시키고자 한다면 부모-자녀 간의 친밀한 관계 속에서 부모의 솔선수범하는 행동을 통해 자연스럽게 전달되어야 한다.

뿐만 아니라 자녀의 잘못한 일에 대한 지적보다는 긍정적인 부분에 대한 칭찬과 격려가 중요하다. 연구에 따르면 높은 스트레스 상황에서도 상대적으로 잘 견뎌내는 아이들은 부모로부터 충분한 지지를 받았다고 한다. 대화 도중이나 일상생활에서 자녀의 긍정성을 찾아서 구체적으로 즉시 칭찬해 주는 것이 중요하다. 그러면 자녀는 자신의 가치를 중요하게 생각하고 자신에 대한 신뢰에 책임감을 갖게 될 것이다.

하지만 지나친 칭찬은 의존성이 생기게 하고, 칭찬을 못 받을까봐 두려워하는 마음을 갖게 되어 새로운 일에 도전을 하지 않게 되기도 한다. 또한 남들이 항상 자신을 주목하기를 바라므로 주변 사람들의 감정을 배려하기 힘들게 되거나, 의견이 수용되지 않을 수 있음을 인정하지 못하여 공격적인 반응을 보인다. 효과가 낮은 칭찬과 높은 칭찬은 다음과 같다.

효과가 낮은 칭찬	효과가 높은 칭찬 (관계를 더욱 깊게 하는 칭찬)
1. 일반적으로 하는 칭찬: "잘했어"는 별 의미 없이 들리거나, 다른 것을 요구하기 위한 미끼로 받아들여질 수 있다. 2. 이유가 분명하지 않은 칭찬: 왜 칭찬받는지가 분명하지 않으면 효과가 떨어진다. 3. 당연한 일에 대한 칭찬 4. 치켜 올렸다가 깎아내리기 위한 칭찬: 비판하기 전에 상대의 기분을 좋게 하기 위한 칭찬은 혼란을 준다. 5. 회유하기 위한 칭찬: 듣는 사람을 더 열심히 부려먹기 위해서 하는 칭찬은 효과가 없다. 6. 잦은 칭찬: 덮어 놓고 칭찬만 하면 듣는 사람은 곧 칭찬의 중요성을 잊어버린다.	1. 꼬집어서 하는 칭찬: 칭찬할 행동에 초점을 맞추어 구체적으로 표현한다. 2. 분명한 이유가 있는 칭찬 3. 특별한 결과에 대한 칭찬: 특별히 칭찬받을 일을 했을 때 칭찬한다. 4. 칭찬할 때는 칭찬하고, 나무랄 때는 나무라는 태도: 칭찬과 꾸중을 함께하지 않아야 한다. 5. 현재 이룩한 결과를 인정하는 칭찬: 앞으로 더 잘해달라는 요구가 없는 단순한 칭찬이 좋다. 6. 드문 칭찬: 칭찬할 일이 있어도 아껴 두었다가 값어치를 높일 수 있는 기회가 올 때 한다.

칭찬의 대안으로 격려하기를 사용하는 것이 좋다. 칭찬은 결과에 초점이 있다면, 격려는 노력과 그 과정을 칭찬하는 것이다. 작은 것이라도 열심히 노력한 것과 향상되는 과정에 근거한 칭찬이다. 실패했을 때에도 격려해 주면 스스로 긍정적인 가치를 갖게 된다.

TIP 이렇게 말해 보아요: 격려하기

1. 실수보다는 노력한 과정을 지지해 주어 자녀에 대한 신뢰를 표현한다.
2. 행동의 긍정적인 면을 구체적으로 알려준다.
3. 성취하도록 요구하기보다는 노력과 향상을 인정한다.
4. 또래와 비교해서 잘했다는 표현보다는, 자신의 결과가 조금씩 진보되고 있음을 알려준다.
5. 실패했을지라도 한 단계씩 나아가고 있음을 알리고, 실패도 경험으로 받아들이게 도와준다.
6. 위로의 거짓 칭찬보다는 있는 그대로의 장단점을 보게 한다.

과제 심통심통 대화

▶ 한 주간 심통심통 대화법을 활용하여 대화를 나눠보고 대화내용을 정리해 본 후 어려움은 없었는지 상-중-하로 체크해 보세요.

[대화 주제] ______		난이도		
		상	중	하
보고 듣기	[있는 그대로 보고 듣기]	□	□	□
	[질문하기]	□	□	□
	[인정하기]	□	□	□
	[자녀 감정 덜어주기]	□	□	□
말하기	[부모의 자기 공감]	□	□	□
	[욕구(바람) 전하기]	□	□	□
	[칭찬하기, 격려하기]	□	□	□

활동지 6-8

Small Big! 작지만 큰 변화

<table>
<tr><th>구분</th><th colspan="2">내용</th></tr>
<tr><td>M
목표설정</td><td colspan="2">▶ [Chapter 6]에서 세운 목표는?</td></tr>
<tr><td>I
현실점검</td><td colspan="2">▶ 지금까지의 나의 모습은?</td></tr>
<tr><td>N
대안탐색</td><td colspan="2">▶ 오늘 새롭게 알게 된 것은?</td></tr>
<tr><td>D
실행계획</td><td colspan="2">▶ 앞으로 되고 싶은 부모로서의 나의 모습은?</td></tr>
<tr><td rowspan="4">평가</td><td>▶ [Chapter 6]에 대한 평가</td><td>낮음 ----- 높음</td></tr>
<tr><td>• 심통심통 대화법 듣기: 자녀의 마음을 들어주는 방법을 알게 되었는가?</td><td>① ② ③ ④ ⑤</td></tr>
<tr><td>• 심통심통 대화법 말하기: 나의 마음을 표현하는 방법을 알게 되었는가?</td><td>① ② ③ ④ ⑤</td></tr>
<tr><td>• 심통심통 대화법을 익히고 실습하였는가?</td><td>① ② ③ ④ ⑤</td></tr>
</table>

부록(활동지 6-2 정답지)

뉴스를 들으면서 아래의 내용과 비교해 기자의 말과 다른 부분의 단어에 체크하고, 다른 단어의 개수를 적어보세요. * 다른 단어 개수 : (**10**)개

오늘도 따뜻한 옷차림 해주셔야겠습니다.
현재 서울에 **기온이** 8.9도까지 떨어졌는데요.
기온이 크게 낮은 강원 산간과 일부 중북부 내륙에는 서리가 내리고 **물**이 어는 가능성이 있습니다. 농작물 관리에 유의하셔야**겠습니다.**
한낮에도 서울에 기온이 18도에 머물면서 예년 기온을 **3도**가량 밑돌겠구요, 여기에 찬바람까지 강하게 불면서 체감온도는 더욱 낮겠습니다.
이번 추위는 내일 **낮**에 평년 기온을 회복하면서 차츰 풀릴 걸로 **보입니다.**
충청 이남 곳곳에 내리던 비는 거의 잦아 들었습니다
이 지역에는 아침까지 산발적으로 빗방울 정도만 떨어지겠습니다.
오늘 **고기압**의 영향을 점차 받아서 전국에서 차츰 맑은 하늘 드러나겠습니다.
현재 기온 어제 같은 시각과 비슷한 수준인데요, 현재 서울의 기온이 8.9도, 청주는 10.5도, **전주** 12도, 창원은 11.6도를 보이고 있습니다.
낮기온은 어제보다는 1도에서 5도가량 높지만 여전히 예년기온을 밑돌겠는데요, 서울에 한낮 기온은 18도, 춘천도 18도, 강릉 **19**도, 대구 19도에 머물겠습니다.
주 중반부터는 예년 가을 날씨를 보이겠습니다.
지금까지 날씨정보였습니다.

[기사출처: https://youtu.be/vTilvRdZxbE]

CHAPTER 7
심통(心通) 실천하기

갈등상황은 일상적인 삶의 일부이다. 갈등은 일어날 수밖에 없다. 모든 사람은 저마다 다르기 때문이다. 그렇기 때문에 서로 생각이 엇갈리는 상황은 피할 수 없다. 갈등은 신뢰를 무너뜨릴 위험을 담고 있다. 그러나 반대로 신뢰를 더욱 든든하게 쌓아줄 기회이기도 하다.

레오 마르틴「관계의 비밀」

훌륭한 선수의 옆에는 훌륭한 코치가 있듯이 자녀의 옆에는 든든한 부모가 있기 마련이다. 그러나 모든 부모-자녀 관계가 그렇지는 않다. 부모-자녀 관계는 갈등이 있기 마련이며 그 갈등은 가치관의 차이나 의사소통의 불통에서 비롯된다.

[Chapter 5]에서 부모 자신과 자녀의 가치관이 다름으로 갈등이 생긴다는 것을 알게 되었고, 부모 자신의 가치관을 새롭게 인식함으로써 자녀에 대한 새로운 관점을 가지게 되었다. 그러나 이미 굳어진 관점으로 인해 부모의 노력에도 불구하고 자녀와의 갈등을 반복하게 되는 경향이 있었다. 이를 극복하기 위해서 [Chapter 6]에서 심통심통 대화법을 배웠다. 마음이 통하는 심통대화법으로 부모-자녀 관계가 친밀해졌다. [Chapter 7]에서는 지속적인 문제행동을 개선하기 위해 구체적인 실천계획과 행동수정에 대해 알아보자.

[Chapter 6]에서 배운 심통대화법을 일주일간 어떻게 실천했는지 돌아보고 부모의 마음, 자녀를 바라보는 마음, 대화의 습관 등을 점검해 보자.

심통심통 대화 점검하기

▶ 심통심통 대화를 나눈 장면을 떠올리면서 아래 질문에 답하세요.

❶ 말을 걸 때 기분이 어떤 상태였나요?

자녀: 부모:

❷ 대화를 하고 난 다음에는 어떤 기분이 들었나요?

자녀: 부모:

❸ 판단하거나 비난하지 않고 내 생각과 감정을 표현하려고 애쓰고 있나요?

자녀: 부모:

❹ 심통 대화 후 서로 어떤 점을 바꿔야 한다고 생각하나요?

자녀: 부모:

❺ 대화를 하기에 적절한 상황이었나요?

자녀: 부모:

❻ 서로 원하는 것, 필요한 것을 말할 수 있었나요?

자녀: 부모:

❼ 대화를 하면서 어려움은 없었나요?

자녀: 부모:

심통 대화를 통해 부모-자녀 관계에서 미비한 변화부터 의미심장한 변화까지 경험했을 것이다.

부모-자녀의 갈등은 문제가 아닌 기회가 될 수 있다. 갈등을 제대로 활용한다면 부모-자녀 간에 유익한 변화를 가져올 수 있다. 그러나 그런 변화는 저절로 일어나지 않는다. 배움과 실천이 있을 때 가능하다.

그렇다면 부모-자녀 갈등을 어떻게 기회로 만들 수 있을까?

갈등에는 서로 간의 비밀이 있다

사람은 자신의 생각이나 감정, 과거사, 가치, 상황 등으로 자신만의 세계를 가진다. 서로 간의 세계를 이해하고 존중하지 못할 때 갈등이 발생한다. 이러한 갈등상황에서 갈등을 해결하기 위해서는 갈등대상자들의 힘의 균형을 맞추는 과정이 필요하다. 특히 부모와 자녀 사이에서 힘의 균형을 맞추는 것은 무엇보다 중요하다. 간혹 부모가 자녀를 소유물로 생각하고 부모의 가치에 따라주도록 힘으로 강요할 수 있다. 이는 힘의 균형이 깨진 상황으로 서로 간의 갈등의 골을 더 깊게 만들 수 있다.

TIP 부모의 양육태도에 따른 힘의 균형을 알아보아요

- 거부적 양육태도

  자녀에게 아무런 제한도 가하지 않거나 제한을 가하는 정도가 자주 바뀌고 부모는 자녀의 양육에 일관성 있는 기준이 없어 제멋대로 하고 싶은 일을 하도록 하게 둔다. 이는 자녀의 세계만을 중요하게 생각하고 부모 또는 타인의 세계를 무시하게 된다.

- 통제적 양육태도

  모든 통제하는 수단으로 보상과 처벌을 사용하고 자녀가 질문하거나 도전하려고 할 때 여지를 주지 않는다. 이는 자녀의 세계를 중요하게 생각하지 않고 부모 또는 타인의 세계만이 중요하다고 생각한다.

- 수용적 양육태도

  자녀를 있는 그대로 받아들이고 자녀의 세계에 대한 존중과 부모의 세계를 존중할 수 있도록 배우며 서로 간의 자유와 한계의 균형을 취하는 모습을 갖춘다.

갈등을 해결하기 위해 부모의 양육태도에 따른 힘의 균형을 맞추는 것에 대해 알게 되었다. 그러나 부모-자녀 간에는 잘못된 행동을 하게 되고 잘못된 행동은 무엇 때문인지 알고 싶어 한다.

아들러(Adler)는 과거에 경험한 문제로 잘못된 행동을 하는 것이 아니라 앞으로 무엇을 얻기 위해 잘못된 행동을 한다고 한다. 행동은 욕구와 기대를 가지고 있으며 그것을 채우기 위한 목적이다. 욕구와 기대가 충족되면 행복하다고 느끼지만 욕구와 기대가 충족되지 않으면 행복하지 못하다고 느끼게 된다. 우리는 잘못된 행동을 하게 된 목적이 무엇인지 이해하고 갈등의 실마리를 찾아갈 필요성이 있다.

TIP 행동에 따른 심리적 기대를 알아보아요

- 관심 끌기
  - 접촉과 사랑의 기대
  - 부당한 관심 끌기
- 힘겨루기
  - 신체적 힘, 실력, 재능, 유능감과 존경받고자 하는 기대
  - 반항하기
- 보복하기
  - 신체적 상해나 자존심의 위협에서 자신을 지키려는 기대
  - 앙갚음하기
- 회피하기
  - 자기만의 시간과 공간을 갖고자 하는 기대
  - 과도한 회피

흔히 갈등을 겪는 가정은 행복하지 않고 건강하지 않다고 생각하지만 사실 모든 가정은 문제를 가지고 있다. 문제여부는 행복과 건강함과는 상관이 없다. 부모와 자녀가 한 팀이 되어 문제를 효과적으로 다루기만 한다면 문제는 나쁜 것이 아니라, 문제해결을 통해 서로의 관계가 더 친밀해지고 협동하는 방법을 배울 수 있는 기회로 삼을 수 있다.

심통(心通)으로 가는 핵심열쇠 찾아보기

갈등이 일어났을 때 무엇을 혹은 무슨 말을 하고 있는지, 어떤 느낌인지, 그래서 떠오르는 생각은 무엇인지, 어떻게 행동하는지 더 이상 알려고 하지 않는 순간, 갈등의 문제는 계속 반복된다. 평소 자녀와의 갈등장면을 떠올려 보거나, 갈등장면에서 갈등을 해결해 가는 나의 모습을 가만히 관찰해 보자. 또한 갈등을 지속하는 핵심열쇠가 무엇인지 살펴보도록 하자.

부모의 핵심열쇠

[Chapter 6]의 말 속에 담긴 맘을 통하여 부모는 자녀의 말을 듣고 반영, 인정, 공감해주는 것도 중요하지만 부모가 자신의 감정을 제대로 인식하고 그 밑바탕에 있는 기대를 자녀에게 전달하는 것 또한 중요함을 배웠다.

갈등을 경험할 때 다른 사람의 행위, 일어나는 감정이 갈등의 원인이라고 생각한다. 그러나 다른 사람의 행위가 감정을 자극할 수 있어도 그 감정이 갈등의 원인이 되지 않는다. 감정의 밑바탕에 있는 기대가 충족되었을 경우 긍정적인 감정을 경험할 수 있고 기대가 충족되지 못할 경우 부정적 감정을 경험하고 갈등으로까지 몰고 갈 수 있다. 따라서 부모의 기대를 이해하는 것은 중요하다.

우리는 기대로 인해 특정한 감정을 경험하게 된다. 즉, 나는 ~~기대 때문에 ~~ 감정을 느끼는 것이다. 하지만 우리는 모두 바라는 것이 서로 다르고 바라는 것을 충족하는 방법도 다르다. 부모는 자신의 기대를 이해하고 인정하며 원하는 것을 표현함으로써 자녀와의 대화에서 자녀를 탓하거나 벌을 하기보다는 제대로 된 의사표현을 할 수 있으며, 문제의 근본적인 해결책을 찾는 데 도움을 줄 수 있다.

TIP 반응의 차이를 알아보아요

[평소 반응]

엄마: 휴대폰 또 하니? 이 늦은 시간에 문자질 좀 그만 해.

아이: 신경 쓰지 마세요.

엄마: 엄마니까 당연히 신경 쓰지, 그럼, 남이 신경 쓰니?

아이: 친구가 학원 끝나면 이 시간이에요. 모둠과제 해야 한단 말이에요.

엄마: 만나서 하면 되잖아? 학원숙제는 하고 문자하는 거야?

아이: 제가 알아서 할게요.

[평가가 아닌 있는 그대로 보고 들은 것에 대해 이야기하기]

엄마: 휴대폰 또 하니? 이 늦은 시간에 문자질 좀 그만 해.(평가)

→ 10시 10분이야. 휴대폰으로 문자하고 있네?

[부모에게 올라오는 감정(느낌)은? 생각은? 내가 원하거나 기대하는 것은?]

→ 〈감정〉 걱정이 된다.

→ 〈생각〉 휴대폰을 너무 오랜 시간 사용하여 자기가 해야 할 일을 못할까봐?

→ 〈욕구와 기대〉 아이가 자기조절을 잘해서 내가 안심할 수 있었으면 좋겠다.

[제대로 표현해 보기(요청)]

엄마: 10시 10분인데 휴대폰으로 문자를 하고 있는 거야?

아이: 신경 쓰지 마세요.

엄마: 너한테 '신경 쓰지 마세요'라고 들으니 엄마 마음이 불편하네.
엄마는 네가 할 일을 두고 휴대폰을 하고 있는 것은 아닌지 걱정되서 그런데 말해줄 수 있니?(연결 요청)

아이: 그렇지 않아요. 지금 학교숙제하는 중이에요.
모둠과제가 있는데 친구가 학원이 다 끝나야 의논할 수 있는데, 친구 학원이 10시에 끝나거든요.
그래서 지금 과제 의논 중이에요.

엄마: 아~친구가 이 시간이 되어야 의논할 수밖에 없어서 지금 문자로 의논 중이라는 거지.

아이: 예. 맞아요. 그리고 오늘 해야 할 학원숙제는 아까 다 했어요.

엄마: 알았어. 엄마도 니 말을 자세히 들으니 안심이 되네. 고마워.

활동지 7-2

부모의 핵심열쇠 찾아보기

▶ 예시 상황을 보고, 아래의 내용을 적어보세요.

• 상황　학원에 가야 하는 자녀가 학교 운동장에서 친구들과 술래잡기하다가 1시간 늦은 4시 10분에 돌아왔다.

• 있는 그대로 보거나 듣기 / 평가하지 않기

• 나에게 올라오는 감정(느낌)은?

• 생각은?

• 원하거나 기대하는 것은?

• 표현하기-연결요청 또는 행동요청

부모의 핵심열쇠 연습하기

▶ 최근 상황을 생각해 보고, 아래의 내용을 적어 보세요.

• 상황 최근 일주일 동안에 겪은 상황 중 기억나는 것을 작성해 보세요.

• 있는 그대로 보거나 듣기 / 평가하지 않기

• 나에게 올라오는 감정(느낌)은?

• 생각은?

• 원하거나 기대하는 것은?

• 표현하기-연결요청 또는 행동요청

우리는 활동 7-3을 통해 간단한 대화 상황에서도 욕구와 기대를 찾고 표현하는 방법이 쉽지 않음을 알 수 있었다.

자신의 기대를 표현할 때에는 그 기대를 명확하게 들었는지 그리고 자신의 기대를 이해했는지 두 가지 요청을 할 수 있다. 첫째, 연결요청은 내 말을 듣고 어떤 느낌인지 어떤 생각을 하는지 물어보는 것이고, 둘째, 행동요청은 구체적인 행동을 요청하는 것이다. 사실 부모인 우리는 자녀에게 요청하기보다 함부로 말하는 경우가 많기 때문에 일이 뜻대로 되지 않을 경우가 많다. 하지만 자녀도 인격적으로 존중받을 권리가 있으므로, 부모는 자녀에게 예의를 갖춰 요청의 언어를 사용할 필요가 있다.

TIP 요청과 강요를 구별해 보아요

자녀가 부모 말을 들어야 한다고 생각하는 부모는 청소하기 위해 "창문을 다 열어줄래?"라고 말을 했을 때 자녀가 "저 지금 바빠요. 하기 싫어요"라고 말한다면 부모는 언짢은 기분을 느끼게 된다. 이는 자녀가 당연히 해야만 한다고 생각하기 때문이다. 자녀가 내 요청을 거절한 것은 자녀의 다른 기대를 충족하기 위해서 그런 것이라는 점을 이해할 필요가 있다. 이처럼 자녀의 또 다른 기대를 받아들일 수 있을 때는 요청이 되지만 그렇지 않을 때는 강요가 될 수 있다.

자녀의 핵심열쇠

아이는 태어날 때부터 울고, 웃으면서 자신의 기대를 표현한다. "아, 내가 울면 엄마가 슬퍼하고 내가 웃으면 기뻐하는구나"라고 생각하며 다른 사람의 느낌과 기대를 이해하기 시작한다.

어린 자녀라도 기대를 단순화하여 물어보거나 그 기대로 인한 감정을 언어적 비언어적으로 표현해 줄 필요가 있다. 이는 "나는 느낌과 기대가 있는 사람이고 너도 마찬가지다. 나도 중요하고, 너도 중요하다"라는 입장에서 시작하여야 한다.

있는 그대로 보고 들은 것을 말하게 도와준다.

"무슨 일이니?" 보다는 "무엇을 보았니?"

"누가 그랬니?" 보다는 "무엇을 들었니?"

TIP 이렇게 말해 보아요

[평소 반응]

엄마: 도대체 또 무슨 일이니?

아이: 철수가 진짜 나빠요. 철수가 먼저 시작했어요.

→ 잘못을 떠넘기기를 불러일으키게 되었다.

[있는 그대로 보고 들은 것을 말하게 도와준다]

엄마: 네가 본 것을 이야기해 줄래?

아이: 철수가 제가 갖고 있던 공을 빼앗아 갔어요.

- 자녀에게 올라오는 감정(느낌)은? 자녀가 원하거나 기대하는 것은?

  "나는 네가 그런 행동을 했기 때문에 화나"와 같은 표현은 자녀에게 오해를 불러일으킨다. 우리의 느낌에 대해 자신이 책임을 지고 다른 사람에게 그 탓을 돌리지 않기 위해서 '왜냐하면?' 뒤에 기대를 붙이면 된다.

  그리고 자녀들은 예의, 명예, 수치심 같은 것 때문에 기대를 숨기거나 부인하지 않는다. 그래서 기대를 쉽게 충족하기도 한다. 대부분의 자녀들은 "너 뭐가 필요하니?"라는 질문에 쉽게 대답한다.

TIP 이렇게 말해 보아요

[실제 해보기]

부모가 부탁을 했지만 끝내 점퍼를 입지 않고 유치원에 가기로 한 자녀

엄마: 점퍼를 안 입겠다는 것은 왜 그러는 거니(어떤 의미니)?

아이: 전 엄마 마음대로 입히는 것 싫어요.

엄마: 그럼 너의 이야기를 물어보고 네가 정하고 싶니?(그럼 너는 어떻게 하고 싶니?)

아이: 응(제가 입고 싶은 옷을 정하고 싶어요).

엄마: 그래. 너의 의견을 물어봐주기를 바랐구나, 네가 원하는 것을 골라도 좋아(단, 겨울옷에 한해서-한계 정하기).

- 표현하기(요청)

  자녀가 자신이 원하는 것과 원하지 않는 것을 말하는가? 그리고 구체적인가? 표현 후 아니라는 대답을 들으면 다른 방법을 찾아볼 수 있도록 지지한다.

TIP 이렇게 요청해 보아요

[자신이 원하는 것과 원하지 않는 것을 말하는가?]

엄마: 민지가 내 장난감 망가뜨려서 싫어요.

아이: 그래 민지가 장난감을 망가뜨려서 싫었구나. 그럼 동생이 어떻게 했으면 좋겠어?

엄마: 내가 가지고 노는 장난감 안 만지면 좋겠어요.

[자녀가 하는 부탁이 상대에게 잘 전달될 수 있는 만큼 구체적인가?]

아이: 망가뜨리지 않았으면 좋겠어요.

엄마: 그럼 동생이 장난감을 망가뜨리지 않으려고 하면 동생에게 어떻게 말해야 할까?

아이: "민지야, 언니 장난감 망가지니까 저쪽에 가서 다른 장난감을 가지고 놀아"라고 이야기해야 해요.

자녀의 핵심열쇠 찾아보기

▶ 예시 상황을 보고, 아래의 내용을 적어 보세요.

• 상황

형 민수는 동생 민욱이와 거실에서 장난감을 가지고 놀다가 화가 잔뜩 나서 부모에게 왔다.

• 있는 그대로 보거나 듣기 / 평가하지 않기

부모: (심통 대화법으로 자녀의 감정을 가라앉히도록) 민수가 화가 많이 난 것 같구나.
(있는 그대로 자녀가 상황을 볼 수 있도록) 거실에서 동생과 있었던 일에 대해 엄마가 알고 싶은데 이야기해 줄 수 있니?

자녀: 민욱이가 내가 가지고 있던 또봇의 팔을 부셔버렸어요.

• 자녀에게 올라오는 감정(느낌)은?

• 자녀가 원하거나 기대하는 것은?

• 구체적으로 어떻게 하였으면 하는가?

• 표현하기-연결요청 또는 행동요청

활동지 7-5

자녀의 핵심열쇠 연습하기

▶ 최근 상황을 생각해 보고, 아래의 내용을 적어 보세요.

• 상황

• 있는 그대로 보거나 듣기 / 평가하지 않기

부모: (심통 대화법으로 자녀의 감정을 가라앉히도록)
(있는 그대로 자녀가 상황을 볼 수 있도록)

자녀:

• 자녀에게 올라오는 감정(느낌)은?

• 자녀가 원하거나 기대하는 것은?

• 구체적으로 어떻게 하였으면 하는가?

• 표현하기-연결요청 또는 행동요청

심통(心通) 실천하기

부모가 숙제도 미뤄놓고 컴퓨터 게임에만 몰두하는 자녀와 마음을 터놓고 이야기를 나누고 해결방법을 찾는다는 건 생각보다 어려운 일이다. 게다가 이것이 매일 반복되는 상황이라면 버럭 소리를 질러 버리고 싶은 마음일 것이다. 컴퓨터를 꺼 버리거나 하는 방법으로 벌을 주고 싶은 마음도 들 것이다. 그러나 이렇게 하면 부모가 자녀를 키울 때 생기는 어려운 도전거리들을 극복할 수 없다. 부모가 자녀의 감정을 이해하고 문제를 해결하기 위한 방법을 찾으려면 어떻게 해야 할까? 이럴 때 나는 어떤 부분을 양보할 수 있는가?를 생각해본 후, 자녀와 힘을 합쳐 아이디어(해결책)를 찾는 것이 중요하다. 이를 위해 심통 실천하기 단계를 배워보자.

심통(心通) 실천하기	
1단계: 마음읽기	• 감정을 가다듬기 • 장소, 시간, 상황 확인 • 6단계 마음읽기를 통해 서로의 기대를 이해
2단계: 통하는 생각	• 문제해결 실천 아이디어(해결책) 5가지 제시 • 문제해결에 적합한 아이디어(해결책) 2가지 선택 • 선정된 아이디어(해결책)를 실천하기 위한 방법을 구체적으로 생각
3단계: 실천	• 선정된 아이디어(해결책)를 약속(약속장 작성) • 약속 재확인을 위하여 재약속일을 정하고 대화 준비

1단계: 마음읽기

문제해결을 위해 먼저 준비하여야 하는 것은 서로의 감정을 차분하게 가다듬고 적당한 상황과 시간, 장소를 선정하는 것이다. 자녀와 부모 모두 컨디션이 좋아야 문제를 잘 풀 수 있기 때문이다.

그리고 자녀가 원하는 것과 자녀의 감정에 대해 말한다. 자녀에게 어떤 문제가 있는 것일까? 이미 이해하고 있는 것에 대해 우선적으로 말하면서 자녀의 행동 중 몇 가지는 이해하고 있음을 자녀에게 증명해 보이도록 한다. 자녀의 반응을 일단 기다림으로써 자녀에게 생각할 시간과 여유를 주도록 한다. 자녀가 자신이 이해받고 진심으로 부모의 사랑을 받고 있다고 느끼면 이때부터 하고 싶었던 이야기를 시작한다.

우리가 갈등상황에서 감정을 느낄 때 그 감정에는 원하는 기대가 있다. 그러나 우리는 내 마음 안에 있는 기대의 의미를 있는 그대로 표현하지 못하고 나의 충족되지 못한 기대로 화를 내거나 불편한 감정으로 표현하는 데 익숙해져 있다. 아마도 우리가 필요로 하는 것, 우리가 원하는 것에 대해서 생각하고 다루는 법을 배운 적이 없기 때문이다. 우리가 사람들과 관계할 때, 또는 우리의 삶을 살아갈 때 내가 원하는 것을 알아가는 것은 매우 중요하다. 나의 기대를 표현하고 다른 사람의 기대를 알게 되어 그 기대를 채우기 위한 기대를 서로 맞춰 갈 때 우리는 문제해결을 위한 방법을 찾기 위해 협동하게 되고 행복해진다.

- 갈등 문제가 생기면 서로 간의 감정이 흥분되거나 화가 나서 현재 문제를 파악하기 어려워진다. 감정을 차분하게 가다듬는 것이 필요하다.
- 심통실천 단계를 하기 위해서는 충분한 시간과 산만하지 않게 대화를 나눌 수 있는 장소와 상황을 고려하여 선정하여야 한다.
- 부모와 자녀가 이야기할 준비가 되었다고 생각되면 대화를 시작하여 마음읽는 6단계 활동지를 활용하여 서로의 기대를 이해해 본다.
- 서로의 기대가 일치하지 않았다면 서로 간의 기대가 다름을 이해하고 심통심통 대화를 통하여 서로 존중하고 있음을 알 수 있도록 한다. 서로의 다른 기대를 채우고 맞춰가기 위하여 한계를 설정하고 심통실천 2단계로 넘어간다.

TIP 마음읽기 단계를 이해해 보아요

[상황]

초등학생 6학년인 철수는 매일 수업 후에 PC방에 들러서 게임을 하고 온다. 그래서 매일 그 일로 엄마와 다투는데 철수는 공부 잘하면(반에서 10등 안에 든다) 되는거 아니냐며 스트레스 해소의 한 방법이라서 자신한테는 너무 중요하다고 하고, 엄마는 인터넷 중독일까 걱정이 되고 성적이 떨어질까 불안하고 집에 일찍 와 엄마와 보내지 않는 것이 서운하다고 한다. 철수 엄마는 PC방에서 놀다가 7시 돼서 집으로 돌아오는 아들을 보면 울화가 치밀고 서운하다.

[마음을 읽는 6단계]

1. 현재 갈등상황에 느껴지는 감정은?
   엄마: 울화가 치밀고 서운하고 서글프다.
   아이: 짜증난다. 지친다.

2. 서로의 행동이 어떻게 바뀌기를 원하는가?
   엄마: 철수가 집에 와서 이야기도 하고, 책도 보고, 공부도 하였으면 한다.
   아이: PC방에 다녀오는 것을 간섭하지 않았으면 한다.

3. 2번에 원하는 행동이 바뀌면 서로 어떤 기대가 채워질까요?
   엄마: 친밀해지고 힘겨루기를 하지 않는다.
   아이: 간섭받지 않는 여유시간과 부모와 친밀해지고 힘겨루지 않고 소통하기를 원한다.

4. 서로 간의 기대를 알게 된 후 감정은?
   엄마: 편안하다.
   아이: 편안하다.

5. 원하는 것이 일치하는가? 서로 다른가?
   서로 일치되는 부분과 다른 부분이 있다.

6. 5번 답이 일치하지 않는다면 서로가 원하는 것의 차이를 이해하고 문제를 해결하기 위하여 다음 단계로 넘어갈 수 있도록 한다. 한계설정을 먼저 한다(심통단계 진행하기).
   엄마: 매일 PC방 가는 것은 안 된다.
   아이: 몇 시간이라도 간섭하지 않았으면 한다.

활동지 7-6

6단계 마음 읽기

▶ 최근 자녀와의 갈등상황을 생각해보고, 아래의 내용을 적어보세요.

• 갈등상황 구체적으로 서로의 행동과 감정 그리고 습관적 행동을 적기	
부모	**자녀**
1. 현재 내가 느끼는 감정은?	1. 현재 내가 느끼는 감정은?
2. 자녀가 바뀌었으면 하는 행동은?	2. 부모가 바뀌었으면 하는 행동은?
3. 2번의 행동이 바뀌면 나는 어떤 기대가 채워질까요?	3. 2번의 행동이 바뀌면 나는 어떤 기대가 채워질까요?
4. 3번의 기대를 알고 난 후 나의 감정 상태는?	4. 3번의 기대를 알고 난 후 나의 감정 상태는?
5. 자녀와 나의 기대는 일치하고 있는가? 일치하지 않는가?(기대가 일치하지 않으면 심통심통 대화하기)	5. 부모와 나의 기대는 일치하고 있는가? 일치하지 않는가?(기대가 일치하지 않으면 심통심통 대화하기)
6. 기대가 다른 경우 한계설정하기(심통실천 2단계가기)	6. 기대가 다른 경우 한계설정하기(심통실천 2단계 가기)

활동을 통해 어떤 것들을 느끼게 되었는가? 이러한 활동은 자신과 공감을 하며 자신을 표현할 수 있고 타인을 공감하며 타인과 교차하여 서로 간의 존중과 마음을 통하기 위한 단계이다. 서둘러서 좋은 것은 없다. 어느 한쪽에서 준비가 덜 되었다면 기다려 주는 것 또한 좋은 해결방법이 되기도 한다.

2단계: 통하는 생각

통하는 생각은 갈등문제를 해결하기 위하여 서로의 기대를 이해하고 기대를 충족할 수 있도록 힘을 합쳐 아이디어(해결책)를 내고 적는 것이다. 함께 아이디어(해결책)를 생각하고 부모와 자녀 모두에게 맞는 것을 써보자고 격려해보자. 중요한 것은 자녀의 생각에 반대하지 않고 받아들여 주는 것이다. 5가지를 생각하고 리스트가 마련되면 다시 지울 아이디어(해결책)를 교대로 결정한다. “우리가 이렇게 많은 아이디어(해결책)를 찾아서 여기 적은 생각 중에 자기 맘에 들지 않는 것들은 하나씩 지우자(기대 수준에 한계점 설정).” 이때 자녀가 먼저 마음에 들지 않는 것을 고르게 한다. 그리고 아이디어(해결책)를 실천하기 위해 누가, 언제, 무엇을, 어떻게 할 것인지를 함께 고민해 보도록 하라. 그리고 도움받을 것이 없는지도 이야기해 보자.

- 각자 자유롭게 시간을 갖고 아이디어(해결책)를 5가지 정도 안에서 적도록 한다.
- 개방적인 질문으로 생각이나 느낌을 자유롭게 말할 수 있도록 하고 부정적 평가를 받은 아이디어(해결책)를 삭제해 나가며 심통심통 대화를 사용하여 표현된 생각이나 느낌을 모두 이해하도록 한다. 모두가 진정으로 받아들일 수 있는 방법으로 하고 모두 동의한 아이디어(해결책)가 나올 때까지 각자 충분히 의견을 이야기한다.
- 두 사람이 모두 가능한 아이디어(해결책)를 선택한다. 그리고 실행해보기 위하여 서로 합의를 한 후 최종 아이디어(해결책)를 채택한다(이 과정에서 서로 간의 존중을 바탕으로 심통 대화법을 실시하는 것을 잊어서는 안 된다).
- 서로 간의 약속을 잘 지키기 위하여 도와줄 점에 대해 이야기한다(지키기 위한 규칙이라고 보아도 된다).

통하는 생각하기

▶ 활동지 7-6의 갈등상황을 해결할 수 있는 방법을 5가지 쓰고 서로 통하는 해결방법을 찾아보세요.

구분	부모	자녀
1		
2		
3		
4		
5		
통하는 생각		

• 먼저 상대의견 중 수용할 수 없는 것을 삭제하세요.
• 해결책을 선택하세요(보복성, 대가성은 안 됩니다).
• 해결책이 없다면 원하는 것과 기대하는 것을 다시 점검하세요(활동지 7-6).

통하는 생각 해결책 찾기

▶ 서로 선택한 해결책을 구체적으로 작성해 보세요(2개 정도). 그리고 약속을 지키기 위해 서로 도움받을 점을 작성해 보세요.

약속	약속을 지키기 위해 도움받을 점

- 약속을 유지하는 기한을 정하세요.
- 약속을 점검할 재약속일과 시간을 의논하세요.
- 이 두 가지 약속에 확신이 없다면 다시 돌아가세요(활동지 7-7).

3단계: 실천

실천할 약속을 작성하고 다음 재약속 시간을 정하는 것이다. "얼마 동안 이 계획을 실천해 볼까?" 가장 좋은 방법은 계획을 잘 실천했는지 확인하기 위해 언제 다시 대화할 것인지 자녀와 함께 미리 정해 놓는 것이다.

이 단계에서 채택된 두 가지 약속을 약속장에 작성해 두고 매일 평가하며 재약속 일정까지 벽에 붙여 두고 약속을 상기하도록 돕는다. 약속장을 직접 작성하고 손도장을 찍는 등의 활동을 통해 약속장의 소중함에 대해 알려준다. 직접적으로 과제를 실천해 보도록 한다.

[약속장 예시]

사랑이와 엄마의 약속

사랑이와 엄마는 2015년 8월 1일
서로를 존중하고 믿기에 아래와 같이 약속합니다.

1. 사랑이는 매일 아침 일어나자마자 목욕탕에 들어가 씻는데 아침 8시를 넘기지 않습니다. 7시 50분까지 씻지 않고 있으면 알려주도록 합니다.

8월 1일	8월 2일	8월 3일	8월 4일	8월 5일	8월 6일	8월 7일

2. 사랑이는 등교하기 전 등교준비를 마치고 남는 시간에 만화책을 보는 것에 대해서 아무런 간섭을 받지 않습니다. 만화책의 구입은 용돈으로 합니다. 단, 등교준비를 하지 않고 본 경우 다음날 만화책을 보지 않습니다.

8월 1일	8월 2일	8월 3일	8월 4일	8월 5일	8월 6일	8월 7일

재평가일
*1차 평가일: 2015년 08월 08일 저녁 7시

서명: 사랑이 (서명)
서명: 엄 마 (서명)

과제 약속장

▶ 자녀와 함께 약속장을 만들어 보세요.

재평가일

*1차 평가일:　　년　　월　　일 AM/PM　　시

서명:　　　　　　(서명)

서명:　　　　　　(서명)

Small Big! 작지만 큰 변화

구분	내용	
M 목표설정	▶ [Chapter 7]에서 세운 목표는?	
I 현실점검	▶ 지금까지의 나의 모습은?	
N 대안탐색	▶ 오늘 새롭게 알게 된 것은?	
D 실행계획	▶ 앞으로 되고 싶은 부모로서의 나의 모습은?	
평가	▶ **[Chapter 7]**에 대한 평가	낮음 ----- 높음
	• 갈등에 대해 이해하기: 갈등에 대해 이해하고 알게 되었는가?	① ② ③ ④ ⑤
	• 갈등의 비밀의 열쇠(원하는 것, 기대하는 것): 부모와 자녀의 원하는 것을 알게 되었는가?	① ② ③ ④ ⑤
	• 심통실천단계를 익히고 실습하였는가?	① ② ③ ④ ⑤

CHAPTER 8

새로운 시작, 함께하는 기쁨

부모 노릇은 지구상에서 가장 힘들고 까다롭고 스트레스가 따르는 일이다. 동시에 가장 중요한 일이기도 하다. 아이를 어떻게 키우느냐에 따라 다음 세대의 마음과 영혼의 의식, 유대감에 대한 아이의 경험, 삶에서 아이가 터득하는 기술, 아이의 가장 내밀한 감정 변화가 급변하는 세계 속에서 장차 아이의 위치가 달라지기 때문이다.

존 카밧진 「매일매일의 축복」

이 프로그램은 성숙한 부모로서의 역할을 잘 수행하기 위해서 부모 자신에 대한 이해와 변화를 바탕으로 자녀 양육에서 활용할 수 있는 심통심통 대화법과 심통 실천하기를 통한 갈등 해결 방법을 익히고 실천하는 활동으로 이루어졌다.

먼저 부모가 되기 위한 자신의 동기와 부모 역할을 알아보고 자녀에게 영향을 미치는 부모의 가치관을 비롯하여 과거에 부모가 자신에게 미친 영향을 탐색하면서 부모 자신의 자기 이해와 성찰을 통한 변화를 위하여 노력하였다. 이 과정을 거친 후에 부모 자신이 자녀의 상황을 있는 그대로 바라보고 부모-자녀 간의 건강한 의사소통을 위한 심통 대화법을 배우고 실천을 해보면서 갈등을 해결할 수 있게 되었다.

부모의 변화가 자녀의 변화로 연결되고, 부모-자녀의 변화와 성장을 통해 서로 소통하면서 신뢰가 쌓이고 긍정적인 상호작용을 하게 된다.

"온맘(OnMam)"을 돌아보며...

프로그램을 시작하면서 "나는 어떤 부모이고 싶은가?", "그럼 나는 과연 몇 점짜리 부모일까?", "내가 원하는 자녀의 모습은 무엇인가?", "나의 자녀는 내가 어떤 부모이기를 원하는가?"에 대해 자문해 보았다.

지금까지의 온맘(OnMam) 부모코칭프로그램을 돌아보면서 위의 질문에 대한 답을 생각해 보자.

Chapter 1. 부모, 자녀를 코칭하다.

부모교육에서 코칭이란 부모 자신에 대한 현실적 이해를 바탕으로 자신의 강점과 자신의 상황 안에서 자녀양육에 대한 목표를 설정하고, 자녀에게 적합한 양육기술과 대처방식에 대한 대안을 탐색하여 자녀와의 관계에서 실행할 수 있도록 코치하는 과정이다. 성숙한 부모가 되기 위한 온맘 부모코칭프로그램은 S-MIND 코칭모델을 중심으로 코치와 피코치 간의 신뢰관계를 바탕으로 피코치가 스스로 자신의 목표를 설정하고 이를 실행할 수 있도록 하여 피코치의 현실을 점검하여 스스로 행동변화를 위한 대안을 탐색하고 실천해보는 경험을 할 수 있도록 하였다. 온맘 부모코칭프로그램에서 지향하는 부모역할은 자녀가 사회 안에서 자신의 역할을 잘 수행할 수 있도록 자녀를 진정으로 이해하고 존중하며, 가능성을 키워주는 자녀의 성숙한 파트너가 되기 위하여 부모가 먼저 성장하는 것이다.

[Chapter 2]부터 [Chapter 7]까지 프로그램의 핵심 내용을 살펴보면서 처음 프로그램에 참여하며 자신이 가졌던 기대와 목표를 생각하면서 자신의 변화된 모습을 확인해 보자.

Chapter 2. 자녀가 자라는 만큼 부모도 자란다

부모가 되기 위한 나의 동기에 영향을 미친 요인들을 탐색하고 자녀의 성장에 맞는 부모의 역할에 대해 탐색하였다. 부모역할은 변화하고 자녀와 상호작용한다. 자녀의 성장에 따라 변화하는 부모의 역할을 알기 위하여 자녀가 성장하는 과정에서 엄마, 아빠로서 무엇을 했는지 알아보았다. 자신이 수행한 부모역할에서 강점과 약점을 찾아보고 되고 싶은 부모의 모습을 확인해 보았다.

Chapter 3. 우리 자녀, 이런 사람 되게 하소서!

자녀를 양육하면서 부모가 겪게 되는 갈등 상황과 자신의 선택을 살펴보고 가치관에 대해서 이해하였다. 부모로서 자녀에게 전달해야 할 중요한 가치관인 품성들 중에서 용기, 자존감, 상호존중, 책임감, 협동심에 대해서 알아보았고, 자녀에게 품성을 전달하기 위해서는 부모 자신이 이러한 품성을 갖추기 위해서는 지속적으로 훈련하는 것이 필요하고 말로만 하는 일방적인 교육이 아닌 부모가 행동으로 모범이 되어야 함을 강조하였다.

Chapter 4. 자녀에게 전하는 소중한 유산, 따뜻한 말 한마디

자신의 부모에게서 받았던 언어적, 비언어적 메시지는 무엇이며, 이를 통해 어떠한 영향을 받았는지를 살펴보았다. 어린 시절 '내가 부모가 되면 자녀에게 절대 하지 말아야지'라고 했던 부정적인 말과 행동을 부모가 되어서 무의식적으로 하고 있는 자신을 발견함으로써 과거 부모로부터 받았던 부정적인 메시지에서 벗어나, 자녀에게 긍정적인 메시지를 줄 수 있도록 자녀의 마음상태와 상황에 맞게 사용할 수 있는 말들을 배워 보고 실천해 보았다. 자녀가 스스로 자신을 믿고 나아갈 수 있는 힘은 부모의 말 한마디에서 온다는 것을 알았다.

Chapter 5. 아하, 새롭게 보이는 우리 자녀

자녀를 바라보는 부모의 시각에 영향을 미친 요인을 탐색하면서 부모와 자녀의 관계 패턴을 알아보았다. 자녀와 반복적으로 겪는 갈등상황과 원인을 찾아보면서 자녀를 키우는 자신의 관점을 이해하고 부모의 눈에 비친 자녀를 새로운 관점에서 바라 볼 수 있게 되었다. [Chapter 5]의 활동을 통하여 자녀에 대한 부정적 감정을 해소하고 건강한 부모-자녀 관계를 위한 새로운 시각을 형성하였다.

Chapter 6. 심통심통 대화법

심통심통 대화법을 통해 먼저 자녀를 있는 그대로 보고 듣고 마음을 들어주면서 감정을 덜어주고, 부모 자신의 마음을 담아서 말하며 마음을 표현하는 방법을 연습하여 가정에서 자녀에게 실천해 보았다.

Chapter 7. 심통 실천하기

부모-자녀 간 갈등에서 심통으로 가는 핵심열쇠인 '욕구와 기대 맞추기'를 알아보았다. 여러 가지 갈등은 부모-자녀 관계의 힘겨루기에서 비롯된 문제임을 알았다. 문제 상황에서 부모의 욕구와 기대를 아는 것이 갈등해결의 첫 시작임을 알고 심통 실천하기를 통하여 갈등을 해결하는 방법을 배웠다.

지금까지 우리는 새로운 양육방법을 배우려는 용기를 냈고 부모가 자신을 이해하는 활동을 통하여 자기를 수용하게 되고 자녀와의 관계에서 상호존중을 실천하였다. 또한 자녀와 소통할 수 있는 심통심통 대화법과 심통 실천하기를 통해 책임감과 협동심을 경험하였다.

온맘 부모코칭프로그램을 통해서 부모-자녀 모두가 용기와 자존감, 상호존중, 책임감과 협동심을 습득하였다.

이전의 나와 다른 나

▶ 프로그램을 마치면서 이전의 나와 다른 나를 확인해보자.

❶ 프로그램을 하면서 새롭게 알게 된 것은?

❷ 나에게 가장 도움이 되었던 활동과 그 이유는?

❸ 프로그램 진행 가운데 나에게 가장 의미 있었던 순간과 그 이유는?

❹ 코칭을 받음으로써 내가 변화된 점은?

❺ 내가 자녀를 코치함으로써 자녀가 변화된 점은?

❻ 온맘(OnMam) 부모코칭프로그램에 참여한 후 변화된 우리 가족의 모습은?

활동지 8-2

나는 코치다!!

▶ 지금까지 배운 코칭방법을 사용해 보세요.

❶ 자녀와의 갈등을 잘 해결한 것과 해보려고 노력하였으나 부족하여 대처하기 어려웠던 것이나 해결되지 못한 것들에 대해 적어보세요.

❷ 가까이에 있는 코치를 찾아가 해결되지 못한 부분에 대해 코칭을 받아보세요.

가족과 함께 하는 행복

행복한 가족을 이루기 위하여 가장 중요한 것이 무엇이냐는 질문에 많은 사람들은 가족들이 함께 시간을 보내는 것이라 말한다. 어떤 사람들은 가족과 함께 지낼 수 있는 시간이 많지 않기 때문에 질적인 측면에 신경을 쓴다. 가족이 함께 하는 좋은 시간을 보내기 위해서는 부모-자녀 간에 서로 존중하는 것이 중요하다.

건강한 가족은 함께 기억할 수 있는 좋은 추억들을 가지고 있고 그것을 생각하면서 행복할 수 있다. 그리고 대부분의 이러한 추억거리들은 많은 비용을 들이기보다는 함께 있음으로써 서로 얼마나 행복한 시간을 가졌느냐에 달려 있다.

행복한 시간을 보내기 위해서 가족은 무엇을 함께 하면 좋을까?

활동지 8-3

가족과 함께하는 행복 레시피

▶ 자녀(자녀마다), 배우자, 가족이 함께 하고 싶은 것을 생각해 보고 적어보세요.

❶ 자녀와 함께 하고 싶은 것과 그 이유를 적어보세요(자녀마다).

❷ 배우자와 함께 하고 싶은 것과 그 이유를 적어보세요.

❸ 배우자와 자녀가 함께 하길 바라는 것과 그 이유를 적어보세요(자녀마다).

❹ 가족이 함께 하고 싶은 것을 적어보세요.

부모는 온맘 부모코칭프로그램을 통하여 첫째, 부모다운 부모, 성숙한 부모가 될 수 있도록 부모 자신의 한계를 뛰어넘고 더 성숙한 부모역할을 할 수 있도록 하였다.

둘째, 부모는 자녀의 입장에서 더 들어주고 더 이해하도록 도와주며, 자녀에 대한 공감수준을 높이고, 이러한 부모와의 경험은 자녀들에게 존중받았다고 느끼게 하여 부모와 더 가까워질 수 있도록 하였다.

셋째, 자녀의 강점과 가능성을 찾아 발전할 수 있도록 칭찬하고 격려할 뿐 아니라, 부모의 가능성과 잠재력을 찾아 칭찬하고 격려하였고, 이러한 경험을 다시 자녀와 나눌 수 있도록 하였다.

넷째, 자녀의 파트너인 부모의 말, 행동과 태도를 스스로 자각하게 하여, 이것이 자녀에게 미치는 영향을 인식하고 스스로가 성장하고 변화하여 부모와 자녀 모두가 건강한 품성을 가지고자 하였다.

활동지 8-4

'나는 부모코치다' 선언식

▶ [Chapter 2]에서 작성한 〈나는 000 부모가 되고 싶어요〉를 찾아 적어보세요.

선언합니다!!

나(　　　　　　)는 ________________하는 부모가 되기 위해서

자녀와의 관계에서 ________________하기로 선언합니다!!

년　　　월　　　일

▶ 응원과 칭찬, 격려의 말을 적어주세요!!

Small Big! 작지만 큰 변화

구분	내용
M 목표설정	▶ [Chapter 8]에서 세운 목표는?
I 현실점검	▶ 지금까지의 나의 모습은?
N 대안탐색	▶ 오늘 새롭게 알게 된 것은?
D 실행계획	▶ 앞으로 되고 싶은 부모로서의 나의 모습은?

구분	▶ **[Chapter 8]**에 대한 평가	낮음 ----- 높음
평가	• 가족이 함께 하는 활동을 찾고 적어보았는가?	① ② ③ ④ ⑤
	• 나는 부모코치다: 해결되지 않았던 갈등 상황이 해결되었는가?	① ② ③ ④ ⑤
	• 프로그램을 마치면서 나의 변화되고 성장한 모습을 확인하였는가?	① ② ③ ④ ⑤

참고자료

기시미 이치로 (2015). 엄마를 위한 미움받을 용기. (김현정 역). 서울: 스타북스.

김정한 (2012). 내 마음 들여다보기. 서울: 미래북.

다고 아키라 (2005). 아이를 빛나게 하는 금쪽 같은 말. (정인영 역). 서울: 나들목.

레오마르틴 (2013). 관계의 비밀. (김희상 역). 서울: 북하우스.

법륜 (2011). 엄마수업. 서울: 휴.

송지희, 이대근, 김영주 (2010). 부모력의 비밀. 서울: 경향미디어.

신현림 (2011). 딸아 외로울 때는 시를 읽으렴/인생편. 서울: 걷는나무.

오영희, 송영란, 김종선 (2002). 현대사회의 부모와 자녀관계. 서울: 동문사.

이경화, 김연지, 고진영 (2008). 결혼과 가족관계를 위한 부모교육. 서울: 학지사.

이성호 (2011). 부모가 하지 말아야 할 21가지 말. 서울: 학지사.

이순례, 문연심, 신건호 (2006). 새로운 세대의 부모와 자녀. 서울: 학지사.

이순형, 민하영, 권혜진 (2010). 부모교육. 서울: 학지사.

이영숙 (2014). 이영숙 박사의 성품 대화법. 서울: 좋은나무성품학교.

이정숙 (2009). 자녀를 성공시킨 엄마의 말은 다르다. 서울: 도서출판 나무생각.

정옥분, 정순화 (2008). 부모교육. 서울: 학지사.

정현숙, 유계숙, 어주경, 전혜정, 박주희 (2002). 부모학. 서울: 신정.

존 가트맨, 최성애, 조벽 (2011). 내 아이를 위한 감정코칭. 서울: 한국경제신문사.

피천득 (2007). 인연. 서울: 샘터(샘터사)

한국지역사회교육협의회 (2000). 부모에게 약이 되는 이야기. 서울: (주)대교출판.

한국청소년상담원 (1999). 바른 행동의 길 다지기. 서울: 한국청소년상담원.

Adler, A. (2015). (위대한 심리학자 아들러의) 가족이란 무엇인가. (신진철 역). 서울: 소울메이트.

Adler, A. (2015). 아들러 심리학 활용. (김문성 역). 서울: 스타북스.

Axtell, P. (2014). 아이와 대화하고 있나요? (유혜경 역). 서울: 니케북스.

Ginott, H. G. (2003). 부모와 아이 사이. (신홍민 역). 서울: 양철북.

kabat-zinn, J. (1998). Everyday Blessing: The inner Work of Mindfulness(매일매

일 축복: 마음챙김의 내면작업). Hachette Books.

Popkin, M. H. (2007). 부모코칭 프로그램: 적극적인 부모역할, Now! 부모용 지침서. (홍경자, 노안영, 차영희, 최태산 역). 서울: 학지사.